恐怖箱

忌憑百物語

加藤 一
編著

神沼三平太
高野真
ねこや堂
共著

竹書房
怪談
文庫

※本書に登場する人物名は、様々な事情を考慮してすべて仮名にしてあります。また、作中に登場する体験者の記憶と体験当時の世相を鑑み、極力当時の様相を再現するよう心がけています。現代においては若干耳慣れない言葉・表記が登場する場合がありますが、これらは差別・侮蔑を意図する考えに基づくものではありません。

本書の実話怪談記事は、『恐怖箱 忌憑百物語』のために新たに取材されたものなどを中心に構成されています。快く取材に応じていただいた方々、体験談を提供していただいた方々に感謝の意を述べるとともに、本書の作成に関わられた関係者各位の無事をお祈り申し上げます。

巻頭言

箱詰め職人からのご挨拶

加藤 一

本書、『恐怖箱 忌憑《いみづき》百物語』は、百話の実話怪談を集めた選集である。

実話怪談には、適切な長さというものがある。複雑に絡み合った因果因縁や様々に関わりあう人間の業の中に、砕けたガラス片のようにちりばめられた、美しくも悍《おぞ》ましい怪異を丹念に描くのであれば、やはり相応の尺が必要になる。一方、そこまで複雑な背景を理解するまでもないような、ごく短い怪奇譚であるならばほんの数頁もあれば語りきれる。故に、百物語怪談というのは、専ら「ごく短い怪奇譚」をかき集めたものになる。腰を据えてパズルのように複雑な因果因縁を読み解く労は不要である。どちらかというと、体験者も期せずして交通事故に出くわしたような、唐突に降りかかり唐突に吹き飛んでいくような怪奇体験の記録を、これまたごく簡潔に書き記したもの、になる。昨今、仕事も趣味も生活も、人生の全てが忙しく慌ただしい人が増えた。読書に時間を割く余裕もなく、細切れの時間の中で何か驚きはないかと汲々としているかもしれない。あなたもそんな余裕のない状況に追われてはいまいか。本書では、そんなあなたの細切れの時間に、驚きと悍ましさをぶち込んで差し上げる所存である。怪異のインパクトに身構えていただきたい。

目次

■……加藤　一
◆……神沼三平太
▲……高野　真
●……ねこや堂

8

サーモグラフィー

コロナ禍の最初の頃に、お化けの見える友人から聞かせてもらった話。

彼女は一時期入院していた。

コロナ禍が始まっていたこともあり、病院内での移動制限も受けていた。具体的には一日のうち午後から二回、それぞれ三十分間だけ病棟の外に出ることが許可されていた。

その一回目の外出時間のときに奇妙なものを見かけたという。

彼女は煙草を吸い終わり、病院のベンチに座って外を眺めていた。

すると病院の玄関のほうから声が聞こえてきた。

誰の声だろうと周囲を確認しても自分以外には誰もいない。午後は初診を受け付けていないので、人がほとんど訪れないのだ。

暫《しばら》く見ていると、音声の源は玄関脇に据え付けられたサーモグラフィーということが分かった。誤動作でもしているのだろうか。

「体温が異常です。マスクを着けてください」

ただ不思議なのは、誰もいないにも拘らず何度も自動ドアが開き、そのたび毎に入り口のサーモグラフィー装置が反応していることだ。

「体温が異常です。マスクを着けてください」

「体温が異常です。マスクを着けてください」

一回ではない。

ずっと繰り返されている。

だが、それを見ているうちに、誰も前に立っていないサーモグラフィー装置の画面に人らしきものが映り込んだ。

自分は今一体何を見ているのだろう。

その直後にサーモグラフィー装置が声を上げた。

「体温が異常です。マスクを着けてください」

それは無理だろう。幽霊はマスクを着けられない。そして、一部の幽霊は招き入れられない限り、中には入れない。

彼女はこれ以上関わりあいになる前に、退散することにした。

点灯

田沼さんは三十二階建ての高層マンションの二十五階に部屋があるのだと言った。

無論、自分の部屋から外に出るときには、エレベーターを使う。

「一度だけ非常訓練で階段を使ったことがありますけど、僕は二度とやりたくないですね。あれなら助けが来るまで部屋で待っていたほうがいい」

そんな彼だが、最近夜にエレベーターを使わないようにしているという。


先日の夜のこと。近所の繁華街で男女数名の知り合いと軽く酒を飲みながら談笑し、それじゃまたと別れてマンションのエレベーターホールまで戻ってきた。

友人達はこれからまだ飲み直すそうだ。いや、飲み直すというのは言い訳だろう。日付が変わる頃には一人帰り二人離脱し、最後まで残っていたのは自分以外には男女二人だった。きっと自分が帰った後で、どちらかの部屋にしけ込んでよろしくやるのだ。

まぁ、お互い結構な歳だし、勝手にすればいい。

エレベーターのボタンを押すと、暫くしてドアが開いた。

足を踏み入れて自室のある階のボタンを押す。ドアが閉まろうとすると、何故か再度ドアが開いた。

ドアの近くに立ちすぎたか。

まだ少しアルコールの混じった頭でそう考えた。

少し離れて再度「閉」ボタンを押す。今度は無事閉まり、身体にGが掛かる。

その直後、三十階のボタンに光が灯った。

あぁ、こんな時間に誰か乗るのか――。

頭の隅にそんな考えが浮かんだ直後に、全身に鳥肌が立った。

急いで指先で全てのボタンを押し、たまたま停まった階で飛び出した。

二十階だった。田沼さんはそこから階段で帰ることにした。

「それから僕はエレベーターが少し怖くてね」

だから、彼は最近夜は自室から出ないようにしている。

12

ソース臭

安藤さんは夜の散歩が好きだった。しかし今はなるべく夜の外出は避けるようにしている。

二十四時間スーパーでお好み焼き用のソースを買った帰りに、ぐるりと遠回りをして家を目指した。散歩のつもりだった。家まで残りあと五十メートルというところで、歩道の白線の先に細い女がいるのに気付いた。

細くて背が高い。胴の太さが白線の幅とあまり変わらない。

背の高さは向こうに見える道路標識と同じくらいある。

髪の毛が腰くらいまであるのも分かった。

足も細くて長い。竹馬か何かに乗っているのではないか。その足をゆっくりと交互に進めながら近付いてくる。

顔も細く、長い。普通の人の倍ほどもある。落ち窪んだ小さな目が安藤さんを見据えているのは分かったが、あとは遠すぎて分からない。

気持ちが悪い。そもそもあれは人間なのか。

違う。あれは出会ってはいけないものだ。

身体に震えが走る。だが自分の足が白線を踏み外せない。左右に避ければいいだけなのに動けないのだ。このままでは怪人と正面衝突してしまう。

細い女は、ふらりふらりと揺れながら、一歩、また一歩と近付いてくる。

そうだ！　行く手に何かあいつが踏みたくないものでもぶちまけてみればどうだ。魔除けには臭いが強いものが良いとも聞くぞ。

最初は唾を吐こうと思ったが、先ほど買ったものに良いものがあることに、突然思い至った。彼女は先ほど買ったばかりのお好み焼きのソースを取り出すと、白線を塗り潰すようにぶちまけた。

すぐ目の前に迫っていた女は歩みを止めると、くるりと踵《きびす》を返して元来た道をゆっくりと歩いていき、四辻を曲がって姿を消した。

その瞬間、足元からお好み焼きソースの香りが立ち上った。その匂いに背中を押されるようにして、安藤さんは家に駆け込んだ。

換気扇

福井に住む柏原さんという男性が最近体験した話だという。

彼はマンション住まいで、毎朝車で職場まで通っている。

ある朝、車を預けている隣の駐車場まで足を運ぶと、吐き気を催す臭いが充満していた。

——この臭いは何処からや？

柏原さんが臭いの元を探っていくと、借りている駐車スペースのすぐ後ろの部屋の換気扇から異臭が漂っていることが分かった。

自分の住んでいるのはそこの五階に当たる部屋だ。

はて、一階には誰が住んでいただろう。顔が思い出せない。だが、あまりの臭いに、帰宅したら文句の一つも言ってやらねばと考えた。

しかし、帰宅すると臭いはしていない。換気扇も回っていない。

朝飯のおかずに、新島のくさやでも焼いていたか。

首を傾げて帰った。

だが、朝に車を出そうとすると、換気扇の音が始まる。それとともに臭いが流れ出す。

ただ夜帰る頃には換気扇の音も臭いもしない。

何日かそれが続いたので、流石《さすが》に管理会社に連絡を入れることにした。

柏原さんが管理会社から来た男性とともに、一階のその部屋を訪ねてみたが、インターホンを押しても返事がない。

そして、扉の周囲にあの吐き気を催す臭いが漏れ出している。

これはまずいかもしれないということで、警察を呼ぶことになった。

管理会社の男性から報告を受けた話によると、警察立ち会いで確認した結果、トイレの中で年配の男性が亡くなっていたとのことだった。

柏原さんはその亡くなっていた年配の男性の顔も思い出せない。だが、何となく腑《ふ》に落ちたという。

「朝にだけ換気扇が点いたのって、毎朝部屋の前の駐車場にまで俺が歩いていくのを見てたからだよな。俺に見つけてほしいって言ってたんかな」

16

三連コンビニ

榎本さんの最寄り駅には、一時期コンビニが三軒並んで営業していたという。

「結構珍しいんじゃないかな。三大コンビニが並んでたから、凄く便利でさ。ただ、気になることもあったんだよね」

それは三軒並んだ右側の店舗の入り口のすぐ前に、異形のものが棒立ちになっていることだった。

全身黒ずくめの針のように痩せた男の幽霊だったが、空気でも入れたかのように、通常の五倍くらいにバンバンに頭が膨らんでいた。

遠目には真っ黒な棒付きキャンデーのように見えた。

その姿は榎本さんには見えていたが、一体どれほどの人に見えていたかは定かではない。

近寄るのも嫌だったので、右側のコンビニは一度も使わなかったが、割と繁盛しているように見えたという。

それから暫くして右端のコンビニは撤退した。

「三軒並び始めてから半年くらいかなぁ。いや、因果関係なんて知らないよ。知らないけどさ、最後に営業を始めたそこだけが潰れて、今もテナントが入ってないんだよ」
異形の幽霊は、そのコンビニが撤退した直後から見なくなった。
きっと撤退と同時に誰かが連れて行ったのだろうと榎本さんは考えている。

Most Valuable Pitching

さてここでリリーフカーならぬ原付きバイクに乗って広能、山守両選手登場です。

「こがあなもんの、どこがおとろしいんなら」

「なんぼ昼間じゃあ言うても、何の雰囲気もありゃあせんわい」

両選手、その名も知られた不良少年であり、さすがの余裕と見えます。

必ず出る、との噂が絶えないこの廃屋、一家心中があった、あるいは殺人事件があったなどと言われておりますがその真相は定かでありません。

敷地の入り口は鉄扉で厳重に閉ざされ、屋敷への道は背丈ほどもある草木が生い茂っておりますが、当の廃屋自体は存外に綺麗、といったところであります。

三角屋根の二階建て、塗装仕上げの白壁は汚れも少なく、ほとんどのサッシにはガラスが残っております。周囲に散らばる煙草空き缶古雑誌は心霊スポットならではでありますが、きちんと閉じた玄関ドアも相まって未だ現役と言っても通じるかもしれません。

広能、唾を吐いた。せっかく来たのにこれでは箔が付かぬと不満の様子。

「何じゃあ、けったくそ悪いのう。まあ見とれよ」

足元には野球ボール。広能手に取った。距離はおよそ十五メートルであります。

見得を切るように大きく振りかぶって今、投げた。白球は二階へ向かって飛んでいく。

がしゃん。窓ガラスを破るがさつな音が聞こえました。鳥の囀《さえず》りが消えております。

広能、へへ、ざまあみろじゃ、と思ったのでありましょうか。

一瞬余裕の表情を見せましたが、一転、目を見開き固まっている様子。

何かこちらへ飛んできます。小さな点、いやこれは先ほど投げた野球ボールであります。

無人の二階、割ったばかりのガラスの綻《ほころ》びを器用にするりとくぐり抜けました。

くるくると回転の掛かった、その赤い縫い目がはっきりと見えております。

広能、山守ともにどうしたものかわからない様子。身体が思考に追いつかない。

ぱしん。いま小気味よい音を立てて、ボールが広能の足先に当たりました。

アウト！　跳ねたボールは、どこかの茂みへ消えていった模様です。

やっとここで声が出る。何と言っているかはわかりませんが悲鳴のようだ。

二人乗りのバイクが猛スピードで坂を下っていく様子がここからも窺えます。

なおここで広能からのコメントが届いております。

「コントロールの良さは常勝赤ヘルのエース、北別府のようじゃった。ありゃおえん」

広島市郊外、K峠に存在した廃屋からの実況をお届けしました。

風鈴

夕方になるほどに、湿度は高くなった。

耐えきれずに駆け込んだ店先で、ラムネを買った。涼しげな色のガラス瓶に入った液体を一気に飲み干そうとすると、喉を炭酸が刺し、同時に瓶の口をビー玉が塞いだ。

「ゆっくり飲まれたほうが良いですよ」

店番の婆さんが微笑《ほほえ》みながら団扇《うちわ》で扇《あお》いでくれた。

「一気に飲めないのも思いやりでね」

婆さんと世間話をしていると、やがてちりんちりんと風鈴が鳴った。

「そうそう、もうちょっと待っておられると、風鈴の屋台が来ますから」

風鈴売りとはまた懐かしい。

三和土《たたき》に設《しつら》えた縁台で目を閉じ、風鈴の音に耳を澄ます。そのまま暫く目を瞑《つぶ》っていると、幾つもの風鈴が鳴る音がした。

縁台から腰を浮かすと同時に、白装束の爺さんが店に入ってきてぎょっとした。

「おや珍しい」

爺さんは婆さんに微笑みかけると、ああ、そういうことかい、と口に出した。

「お兄さん、一つ風鈴を差し上げますよ」

爺さんは一度店から出ると、すぐに戻ってきて、黒く煤《すす》けた塊《かたまり》を手渡してきた。辛うじて元は風鈴だった、というのが分かる程度に酷く歪《ゆが》んだガラスの塊だ。

戸惑っていると、有無を言わさずに渡された。

どうやらそんなやりとりをしているうちに、閉店時間になったらしい。婆さんに促されて店を出ると、既に陽が暮れていた。振り返ると店はなかった。

手には歪んだガラスの風鈴が残された。

そんなやりとりも忘れて半年以上経ったとき、家が火事で焼けた。理由は分からない。

ただ、炎の中で風鈴が激しく鳴っていたのを覚えている。

ハンカチではなく

お寺の一日の始まりは早い。

朝のお勤めを済ませ、鐘楼へ向かった。いつものように、明け六つの鐘を突く。最後の一突きをしたその瞬間、鐘の中からひらり、黒いものが舞い落ちてきた。薄いシフォンレースのスカートだ。

何故こんなものがここにあるのか。拾い上げたそれを手に首を捻《ひね》る。十代の少女が身に着けそうな可愛らしいものである。三十を過ぎても独身の自分には縁のない代物だ。

本堂に戻り、寺で唯一こういうものに関係がありそうな人物、母に訊くべく携帯電話を取り出す。

スカートから目を離したほんの何秒かの間に、手の中にあったはずのそれは影も形もなかった。

泣きそう。拙僧怖がりであるからして。

時計合わせ

平成の御代になって間もない頃の話であると、柳原さんは語った。

肌を刺すような風に煽り立てられながら、何とか乗務員詰め所に辿り着く。白手袋を履いた手は感覚を失い、アルミの引き戸の上を何度も指が滑る。ようやく開いた扉の隙間に身を躍らせると、肩に積もった小雪がはらりと落ちた。つんのめるように灯油ヒーターのスイッチを押して、勢いのままに台所へ駆け込む。柳原さんが勤務する鉄道会社の乗務区では、早番の者が夜食を作るルールであった。終電乗務を終えて戻ってきた遅番勤務の者は、それを食べてから仮眠を取るのである。鍋の蓋を開ける。今日は豚汁のようだ。確認するや、即座にコンロに点火した。

他の乗務員は既に仮眠室入りしたのか、気配がない。

そこだけ灯した天井灯の下で独り椀を啜《すす》るのは寂しさもあったが、同僚と同室で取った夕食とて卓には独りきりだったのだ。そんなことより一刻も早く身体を温めたかった。

もとより、柳原さんに友人はあまりいない。昨年に交際相手を亡くしてからは、独りで過ごす時間がいや増していた。そういう人生なのだと、割り切っていた。


「おいタケシ、また時計合わせしようや」

不意に投げかけられた言葉に、視線を上げる。ごおっと吹き込んだ風が頬を叩く。詰め所の扉が開いている。切り抜かれた夜の景色に、横殴りの雪が舞う。

心の奥底に火を灯す、懐かしい声であった。

そんなことがあるはずはないと頭では理解していても、身体は止められない。

反射的に詰め所を飛び出して、右を見る、左を見る。

鉄塔に据えられたヤード灯が放つ光を乱反射して、雪が波の花の如く舞っている。

眠りに就く電車達、幾条にも伸びる寒々しい鉄路。あの人の姿など、何処にもない。

当然なのだ。あの人は、死を選んだのだ。自分独りで、勝手に決めて。

肩を落とし戻ってきた柳原さんの目には、冷め切った豚汁と、壁掛けカレンダー。

そうか、今日は一周忌だったのだな――。

柳原さんの顔を濡らしていたものは、溶けた雪であったか、はたまた涙であったか。

それは本人のみぞ知る。

――して、その「時計合わせ」というのは。私は問うた。

「正式に言えば、『時計の整正』ですね。我々運転士は、秒単位で動くんです。だから、所持している懐中時計も、点呼の際に監督者と秒単位で合わせます。それを我々の事業所では、そう俗称していました」

――その『時計の整正』を、もう一度しよう、と。

「針同士を合わせる、という言葉のイメージから来てるんでしょう。我々同性愛者乗務員の間で交わされていた、まあ隠語ですね。私が新人乗務員として勤務し始めた頃から、彼とは付き合っていたんです。先輩への憧れが恋愛感情に変わる。よくある話ですよ」

「寂しいとか悔しいとか、言いたいことは山ほどありますけど、もう自分自身がいい歳になって何を伝えたいかと言ったら、やっぱり、ありがとう、なんですかねえ」

柳原さんの言葉とともに、この話を記録する。

鴉《からす》

——ドスッ。

——ドスッドスッ。

店舗の屋上を歩く音がする。大方、鴉だろう。目の前の駐車場にも何羽かいる。まあ、毎日のことだからいい加減慣れた。

ある日、店舗の建物の保守点検が行われることになった。屋上へ上がるので騒がしかったら申し訳ない、と業者に予《あらかじ》め断りを入れられた。作業はそれほど長い時間も掛からず終わった。

それで初めて気付いたのだが、何人も屋上を歩き回ったにも拘らず物音一つしなかった。考えてみたら、平屋とはいえ鉄筋コンクリートの建物だ。鴉が歩いたからとて足音なんぞ聞こえる訳がない。

思い浮かぶのは力強く一歩ごとに足を踏み締める鴉の姿。いやいや。まさか。そんな。

——ドスッドスッドスッ。

鴉は今日も元気に屋上を歩いている。

いるから

山田さんの家の近所に住む田村という老人が、車で当て逃げをしたという。彼は警察の尋問を受けた後に、何処かにいなくなってしまった。

近所総出で探したのだけど見つからない。

山の中に入ったのかもと、山狩りをしたけれども見つからない。

何処か別の土地にでも逃げてしまったのだろうか。

それとも何処かでしゃがみ込んでいるだろうか。

何処かの納屋で首でも括《くく》ってるんじゃないだろうか。

悪い想像ばかりが皆の頭を過ぎった。

それから一週間ほど経って、もう田村の爺さんも生きちゃおらんだろうなぁという話が出るようになった頃のことだ。息子さんが田村さんの遺体を発見し、警察に連絡を入れたとの報告があった。どうやら山の奥にある「おおいけ」と呼ばれている古い沼のほとりで亡くなっていたらしい。

田村さんの息子さんが言うには、昨晩飼っている猫が騒いだのがきっかけという話だった。

猫が妙に騒ぐので、外で猫同士が喧嘩でもしているのだろうかと耳をそばだてた。

風が強い夜で、藪《やぶ》が音を立てて揺れるのが聞こえた。その音に紛れて、人の声が聞こえた。

その声が父親の声に似ている気がして、息子さんは窓を開けた。

びょうと風が吹き込んできた。猫は怯えて、何処かに隠れてしまった。

声が聞こえるのは、先日探しに分け入った山の方角からだ。

「おおいけにいるからー」

「おおいけにいるからー」

風に紛れて、何度もそう聞こえた。

それで夜が明けるのを待って、〈おおいけ〉を目指した。

発見された田村さんは土下座の姿勢で固まっていた。服装から自分の父親だと分かったが、沼の泥に押し付けていたことが原因なのか、顔は融《と》けてなくなっていたという。

倉庫

曽根さんの家のすぐ近所に、廃屋同然になっている建物がある。

夜、その脇を通りがかっても、明かりが点いている訳でもない。ただ、人の気配がする。耳を澄ますと、内容までは分からないが、声を潜《ひそ》めて話をしている音まで伝わってくる。

家のすぐ近所なので、ホームレスか何かが住み着いているとか、あまり良からぬ集団が集会をしているのではないかと心配していた。

ある日、そのことを母親に告げると、彼女はキョトンとした顔をして答えた。

「あそこには人は住んでないよ。倉庫よ倉庫」

どうも町内会長さんが以前住んでいた家で、連れ合いを亡くしてから、広い家を持て余してアパートに引っ越し、荷物はそのままで倉庫として使っているとのことだった。

「でも、声も聞こえるんだけど」

そう言うと、母親は、ああ、それね。と答えて続けた。

「亡くなった奥さんの声らしいわよ。あと、町内会長さんの声もするでしょ。何か、同じ会話を繰り返しているらしいの。あまり触れないであげてね。可哀想だから」

待ち合わせ

入院したときのこと。

深夜、尿意で目が覚めた。枕元の時計は午前一時を過ぎている。

病室は二十二時だが、廊下の照明は零時の消灯だ。トイレまでは暗い中を歩いていかなければならない。夜の病院は只でさえ何かが潜んでいそうな気がするのに。

とはいうものの、朝までは到底我慢できそうにはない。寝る前にトイレに行っておけばよかった、と思ったがしょうがない。溜め息一つ零《こぼ》してベッドから出た。

早々に用を足し、トイレを出ようとしたところで足が止まった。

病室に向かう手前の廊下の曲がり角に灰色の靄《もや》が掛かっている。よく見れば人の形をしていて、五〜六人はいるようだ。

息を殺してトイレの出入り口に身を潜める。

そうやって様子を窺っていると、人型の靄は一人、また一人と数を増やしていく。内容までは分からないまでもボソボソと話したり、笑い声が聞こえてくる。
十二、三人ほど集まったところで、靄が動き出した。

楽しそうに笑いさざめきながら廊下の角を曲がる。声が段々遠ざかっていく。

足音を忍ばせて廊下の角まで行ってみたが、暗い廊下が続くだけで靄は何処にもいなかった。

あやちゃん

——ドンッ！

深夜、姉の怒号と枕元の壁を蹴る音で目が覚めた。途端、耳元で荒い息と男の声がする。

「あやちゃん、あやちゃん」

一晩中、ハアハアと吐息混じりに名前を呼んでいた。

翌朝、姉にその話をする。うんざりするように睨まれた。曰く、丁度寝入る頃になると足元で「あやちゃん」と息も荒く呼ぶらしい。毎夜のことに耐えかね、昨夜はとうとうキレて蹴り出した、と。

隣り合わせにある姉の部屋は間取りの関係上、ベッドも同じ向きになっている。姉のベッドの足元が、こちらは頭上になる訳だ。不機嫌な姉に思わず溜め息を吐《つ》く。

これから毎晩、枕元でおっさんに鼻息荒く「あやちゃん」と囁《ささや》かれるであろう弟の身にもなってほしい。

ちなみに、姉はもとより自分の名前にも只の一文字も掠《かす》ってすらいない。

あやちゃんて誰だよ。

立っている

ああ、ダメだ、見ちゃいけない。章子さんは俯《うつむ》いた。

手を伸ばせば指先が触れそうな距離に、彼がいる。

飛び出んばかりに見開かれた双眸《そうぼう》で、舐めるように周囲を見回している。

――見つかっても、いけない。


赤色回転灯を掲げて居並ぶパトカー。ガス事業者の名前が書かれたワンボックスカー。

電柱脇では電力会社の車両が、バケットを伸ばして何事か作業中である。

無線機が、携帯電話があちこちでけたたましく音を立て、とりどりの制服作業服に身を包んだ人々がせわしなく動き回っている。

一体何が起きているのか、章子さんには分からない。けれども、先を急がねばならぬ。

この道だけが、線路の向こう側にある職場へと繋がっているのだ。

いつもと変わらないのは朝陽ばかり、喧騒のさなかでは小鳥の姿さえ見当たらない。

駆けてきた青色の作業服を躱《かわ》したそのとき、微かな水音とともに不意に靴先が濡れた。

雨も降らぬのに、そこらじゅうが水浸しといった体である。

黒光りするアスファルトの上を、のたくたと太い帯のようなものが這っている。

それが消火ホースであることに気付いたのは、オレンジ色の耐熱服に銀色のヘルメットを装着した消防隊員の姿を目にしたからであった。

――ここには、アパートが建っていたんだっけ。

記憶を辿ろうにも、そのよすがすら見当たらない。無残な、光景であった。

辛うじて崩壊を免れた、しかし真っ黒に炭化しきった柱は骸《むくろ》とでも呼ぶにふさわしく、白煙と湯気がもうもうと立ち上がる様は朝霧の湧くモノクロの森のようでもあった。

列をなして歩く消防隊員が、未だちらつく炎を見つけてはしらみつぶしに始末する。

「やあ、よく燃えたもんだな。全焼じゃないか」

「明け方からずっと燃えていたからな」

「住民はみんな逃げたらしいな。不幸中の幸いだ」

野次馬達の呑気な駄弁《だべ》りが、章子さんの耳を通り抜けていく。

ふと、嗅ぎ慣れぬ、けれども何処かで嗅いだことのある臭いが鼻腔を突いた。

流行《はや》らぬ肉屋が使い古したラードをいつまでも火に掛け続けているような、それでいて温泉地に漂う硫黄の香りをもっと鋭くしたような。

仕舞い込んだ記憶を片っ端から引きずり出しながら、章子さんは辺りを見回す。

――彼が、そこにいた。

幼児がクレヨンで塗り潰したかのように黒く、粗くささくれ立った輪郭の全身はすぐ脇に燃え残った柱と見間違うばかりであるが、ぎらつく両の眼がそれとの違いを主張した。

そこだけが妙に白く、居並んだ消防救急警察ガス電気通信報道各社野次馬に向かって、隅から隅へと射るような視線を送っているのだ。

頭も髪も服すらもあったものではなかったが、不思議とそれが男であることは分かる。

そして同時に、臭いに紐づけされた記憶が脳裏に蘇ってきた。

昔、偶然にも目撃してしまった焼身自殺。

自分の眼前で人間が焼けただれ、黒いさなぎのような塊と化していく。

あのときと同じ臭いが、今漂っている。

住民達は皆逃げたのではなかったのか。逃げたのだとしたらこれは誰なのか。

今また、自分の目と鼻の先で焼かれつつある人間がいるのではないか。

臓腑《ぞうふ》から熱いものが込み上げてくるが、無理やりに飲み下してぐっと耐えるほかない。

万が一にも、自分が気付いていることが彼に知られてしまったら。

息すらも止めるように、身体を丸く小さくしてそっとその場を離れる。
決して、彼に気付かれないように。

後日。噂好きの同僚がこんなことを言っていた。
曰く、この火事で逃げ遅れた男性が一人、亡くなったのだと。
しかし、あの日見た彼とこの犠牲者の間にいかなる関係があるかは定かでない。
章子さんにしてみても、この件にこれ以上深入りする気にはならなかった。
噂にはこう付け加えられていたからである。
曰く、焼け跡が壊され更地になったあの土地に、昼夜を問わず真っ黒い人が立つ。
あれから数年、土地は買い手の付かぬまま、駐車場になっている。
立地は悪くないはずだが、利用者は少ない。
そして未だに、「炭のような人」の目撃談が後を絶たない。

気持ちの悪い部屋

どうにも、気持ちの悪い部屋ね。

ベッドの上で何度目かの寝返りを打ちながら、国分さんは思った。

ここは東北地方某市の、繁華街のただ中にあるビジネスホテルである。

部屋に入った瞬間、ああここは良くないわ、と分かっていたのだ。

全体的に陰湿というか、かすみが掛かって見える。あらゆるものがくすんで見える。

特に、ベッドの反対側の壁にはめ込まれた鏡が気になった。

床から天井まで届くような丈の大きなもので、ごてごてと金ぴかの縁で囲まれている。

荷物を放り投げ、仕事着のままベッドに寝転がる。顔を横へ向けると、マットレスごと自分の身体が映り込んでいる。疲れ切った、顔も。

ビジネスホテルに似合わぬ鏡は昭和のラブホテルを思わせて悪趣味であるが、それ以上にどうにも気味悪い。何がと訊かれると返答に困るのだが、ともかく目に入れたくない。

しかし、明日も仕事である。人の手配による部屋に文句を付ける訳にもいかない。

やむなく、缶ビールを開ける。一本、二本。缶チューハイを空ける。三本、四本。飲めば飲むほどに妙に神経が昂《たか》ぶって、眠ることができない。

惰性で映していたテレビの画面が、街頭カメラの映像に切り替わる。放送終了である。こうなれば、部屋を真っ暗にして、無理やりにでも目を瞑るしかない。

遠くを救急車が走っている。裏の路地で、酔っ払いが騒いでいる。

けれども、目を瞑って研ぎ澄まされるのは聴覚だけではなかった。

何か、いる。部屋の中に気配が立ち込めている。良くないことが起きる、そんな予感。

突然、がしっと音を立てんばかりの勢いで、誰かに腕を掴まれる。予感的中である。

もちろん、この部屋には自分一人しかいない。では一体、誰が。

確認すべく、おそるおそる顔を鏡へ向ける。

シーツに包《くる》まり、ベッドに横たわる自分の姿。そこへ伸びてくる、二本の腕。

白く、蛇の如く。ベッド下から生えている不自然に細長い腕が、しがみついている。

ぐいぐいと力を込めて引っ張られる。ベッドから引きずり降ろそうとしているのだ。

左右の手で、ぎゅっとシーツを握りしめる。しかし抵抗もむなしく、シーツごとずるりずるりと動かされていく。自慢じゃないが身体はもう細くない。ものすごい力である。

こんなとき、どうしたらいいの。パニックを起こしかけながら、必死で考える。

そうだ、般若心経――。

国分さんはかつて仏教系の学校へ通っていた。週に一度、宗教の時間があって、そこで般若心経を習ったことを思い出した。何かあったら唱えなさい、と。

けれども不真面目な生徒であったし、何せもう三十年近くも前の話である。

何処まで覚えているか、全く以て自信がない。しかし背に腹は代えられぬ。

ぎゃあてい、ぎゃあてい、はらぎゃあてい、はらそうぎゃあてい。

更にずるっと動いて半身が落ちかける。ダメだ。全く効き目がない。

ベッドの下で、何もない真っ黒な空間が口を開けている。

ここに引きずり込まれたら、ただ身体をぶつけるだけで済むだろうか。

白い手指が、自分の腕にどんどん食い込んでくる。このままだとベッドから落ちる前に腕がちぎれてしまいそうだ。

「もう……もういい加減にして！」

からからに掠《かす》れきった喉で、辛うじて声を絞り出す。

ふっ、と力が抜ける。気配が消える。二本の細腕が、雲散霧消する。

そこにはただ、元通りの、少し陰湿で古びた、ビジネスホテルの部屋だけが残った。

そのホテルは今も、目抜き通りの一等地で営業している。

来た、見た、知った

私のようなオタクがこんなところに来るべきではなかったのだ、と麻衣さんは思った。

父がどうしてもと言うので来てみたが、よりによって、こんな山奥の温泉旅館とは。

千人が一堂に入れるとも言われる大きな風呂はおじいちゃんおばあちゃんで混み合い、若い麻衣さんが入っていると方々から話しかけられて対処に困る。かと言って外の遊歩道は街灯の一つもなく、陽が沈んでから出歩けば即座に迷子になるか、誤って火山性ガスの噴出地に立ち入っていずれにせよ良くない未来が待っている。

一家で、六畳ほどの客室を二部屋借りた。

壁を隔てた隣の部屋では、今頃父と弟は酔い潰れて寝ていることだろう。

こちらには小うるさい姉がいて、つい先刻もテレビの音がやかましいと怒られた。

ここは携帯電話の電波が入らない。

布団をかぶり、音を消して遊ぶ携帯型ゲーム機だけが唯一の救いであった。

盆のさなかだというのに半袖ではうすら寒いほどの外気が、硫黄の強い臭いとともに、隙間風になって部屋に流れ込んでくる。

わずかに開けた布団の隙間のその向こう。

初めは、カーテンが揺れているのかと思ったのだ。けれども、この古びた和室にそんな小洒落たものがあるはずがなかった。

携帯型ゲーム機の明るい画面に慣れた目が、徐々に暗闇の中に焦点を結んでいく。

女が、歩いている。真っ白い着物に、真っ白い帯を締めて。

部屋には小さな絨毯《じゅうたん》敷きの縁側が設えてあって、椅子と小さな円卓が置かれている。

そこを、滑るように、つつ、つつつと水平移動しているのだ。

幽霊ってほんとに足がないんだ、と麻衣さんは冷静に思った。

帯の辺りから急激に胴体が透けていき、太腿から下は完全に闇に溶け、背後にある籐を編んだ椅子が見えていた。

着物も白いが、負けず劣らず肌も白い。まるで白磁であった。

そこにすっと細筆を引いたように目鼻がある。

涼やかな表情は弘前ねぷたの見送り絵に描かれた、美人画を思い起こさせた。

隙間風が吹くたび、腰まで伸びた絹糸のような長い黒髪が、さやさやと揺れた。

もっとよく見たい、けれどもこれ以上布団から出ると気付かれてしまう。

幾ら美人でも、幽霊は怖い。しかし、怖いもの見たさという言葉もある。
今を逃せば次にいつ幽霊など見られるか分からない。さて、どうするべきか。
ええい思い切って、と乗り出しかけた麻衣さんの肩に、何かがぐっと食い込んだ。
横で寝ていたはずの姉が、般若のような形相でこちらを睨みつけている。
いつもぴかぴかに磨いている爪が、猛禽《もうきん》のように食い込んで痛い。
麻衣さんがしぶしぶ布団に潜り込むのと、女がすっと壁に消えるのが同時であった。
直後、隣の部屋から男の叫び声が二つ、揃って聞こえた。
ああ、父も弟もまだ起きていたんだな、と麻衣さんは思った。
それにしても。幽霊よりも、うちの姉のほうがよほど怖い顔をする。

私も。

仙台に住む黒木さんが沖縄へ出かけた折の話である。女二人、気軽な旅であった。

Mという景勝地へ行った。海に面した、高さ二十メートルの断崖絶壁である。

横から見ると大きな穴が開いていて、それがゾウの横顔のように見えるのだ。

それはともあれ、車を駐車場に付けるや否や、友人がトイレへ駆け出した。

暫くは戻ってくるまいと思った黒木さんは、海へ向かって先に足を踏み出した。

今でこそ自然保護の名目で柵が建てられ、決められたコースしか歩けないようになっているが、当時はまだ自由に歩き回ることができたのだ。

けれども、あまり遠くまで行くのは止そう、と思った。黒木さんは高所恐怖症なのだ。

それにしても――有名な観光地だと聞いていたのに、人が全くいない。

リーフグリーンの芝が輝く大地と、髪を優しく撫でる風。

これを独り占めできるなんて、と黒木さんは喜びに震えた。

ずん。突然、地球の重力が増したような感覚に囚われた。

上半身が異様に重い。思わず、膝をつきたくなるほどである。
咄嗟《とっさ》に足を一歩踏み出したおかげで、何とか転ばずに済んだけれども。
どん、と今度は後ろから背中を押されて、意図せぬうちにまたも足を踏み出した。
身体が、全く言うことを聞かない。
ぐいぐいと背中に加えられる力に導かれて、前へ前へよたよたと足を進めてしまう。

これが水平線というものか、と黒木さんは思った。
見渡す限り、視界を遮るものが何もない。
消失点へと向かう目線の上半分はシアン色の空、下半分はコバルトブルーの海。
二つの色はグラデーションを経て、遥か彼方で融け合っている。
波打ち際に広がる荒々しい岩場でさえもここからでは砂粒のように見える。
ざざざ、と音を立てて波頭が白く砕けた。
もう、何も怖くなかった。

「私も、乗られたの」
耳に息が掛かるほどの距離から、不意に声を掛けられた。

驚きのあまり身体がびくんとして、ずるりと靴が岩肌を滑る。

いつの間にか、隣に人が立っている。

おかっぱ頭に、型の古い、肩のかっちりとしたピンクのジャケット。

見知らぬ女が、微笑みかけて言う。

「私もね、乗られたのよ」


——ちょっと黒木、こんな所にいたの！

投げつけられた怒気混じりの声に振り向く。友人がずかずかとこちらへ歩いてくる。

いやこの人が、と視線を戻した黒木さんは、そこに誰も立っていないことよりも、自分の目の前で大地が途切れていることに恐怖した。

頭がくらくらする。足がすくんで、身じろぎ一つ取ることができない。

あんな端っこに一人で立つなんて危ないじゃない、と肩を貸しつつ友人は言った。

この地は、投身自殺が頻発する場所としても知られているのだ。

黒木さんは当時を思い出すと未だに震えが止まらない。

あの女は一体何者だったのか。そして、もしあのまま会話を続けていたら、どんな結末が待っていたのかと。


私も。

46

知っていた

え。何それ。三条さんは思わず訊き返した。一体どういうことなのか、と。
だからさ。今は小学校四年生になった息子が、事もなげに言った。

三条さん一家は、長らく旦那さんの実家で義両親と同居していた。
きっかけは旦那さんの転勤である。
年老いた両親の近くにいたい、という異動希望が受け入れられたのだ。
曰く、夫婦共々忙しい中で、うちの親に子供の面倒を見てもらえばいいじゃないか。
曰く、家を建てる資金を貯めるためにも、同居のほうが都合が良いだろう、と。
ところが、この旦那さんの実家というのが、どうにも怖かった。
何が、と言われると説明が難しい。
築四十年ほど経っているから、それなりに古いのは事実だ。
けれども、開かずの間がある訳でも、何かの気配を感じる訳でもない。
——それなのに。

故に三条さんは毎夜就寝前に全ての電気を点けて回る。

寝室、茶の間に、風呂、トイレ、……流石に義両親の部屋にこそ立ち入らないが、それ以外のあらゆる部屋を煌々《こうこう》と照らしてゆく。

ところがこのとき、毎度おかしなことが起きる。

襖《ふすま》を隔てた隣の洋間。天井にはめ込まれた半球形の。

何故かここだけ、電気が点かないのである。

ぱちんぱちんとスイッチを突く三条さんを、幼稚園に通い始めたばかりの息子が不思議そうな顔をして眺めている。

スイッチが壊れているか、蛍光灯が切れているのではないかと思うだろう。

けれども、昼にはきちんと灯る電気が、夜だけ沈黙するということがあろうか。

結局、理由は分からぬままに、自宅の新築に伴って義実家を出たのであるが——。

そりゃそうだよ。お母さん知らなかったの。予期せぬ言葉を息子が発した。

そういえばあの家さ、と三条さんが思い出話を持ち出した直後のことであった。

押し入れから縄跳びみたいに細長い手が伸びてきてさ、スイッチを押さえてたじゃん。

幾らぱちぱちやったって点く訳ないのにな、ってずっと不思議に思ってたんだよ。

ロングさん

野田さんが子供の頃の話。

彼の実家は築百年を優に超える古い家だという。

「でも百年超えっていっても、明治の後半くらいですからね。そんなに古い感じはないんですよ」

あまり大きな災害や戦争での被害もなかった地域だったらしく、そこには今でも親戚が住んでいる。

野田さんは、その家には子供の頃の奇妙な思い出があるのだと教えてくれた。

子供の頃に野田さんが一人で自室で寝ていると、天井に「長い女」が出た。

毎晩ではない。週に一度か二度見かける。

両手両足と髪が長い、まるで蜘蛛《くも》のような体型の女が、髪を揺らしながら天井からこちらを見下ろしている。

全裸だったという記憶はないので、恐らく服は着ていたのだろう。

今となっては少々不気味に思うが、当時は不思議と怖いと思わなかった。

ああ、この世のものではないのだなと思ったりもしたが、妙に実在感があった。

天井の女性に向かって幼い野田さんが笑いかけると、彼女のほうも笑いながら小さく手を振ってくれる。その笑顔が好きだった。

「僕、その女性にロングさんって名前を付けてたんですよね」

何故なら、そのやたらと長い髪は金髪で、目は碧眼《へきがん》だったからだ。だから英語の名前で呼ばないといけないのではないかと思って、そんな呼び方をしていたのだという。

「ひょっとしたら、まだあの家にいるんじゃないかな。いるといいなって思いますけど、そんなことは誰にも言い出せなくて。いつかあの家に戻ったら、また会えるんじゃないかなって思いながら暮らしてます」

ロングさんのことを語る野田さんは、とても嬉しそうだった。

「ここの警備、夜は簡単なんだよ」

耳打ちしてきたのは、先輩警備員の清水さんだった。昼間の工事を終えて、夜の担当に引き継ぎするときにそんなことを言われたのだ。

「取引先も分かってるから、プレハブから出るのは二回くらいなんだよね」

工事現場での機材の盗難が続き、警備員を配置することになったという経緯で、昼間はやたらと忙しい。一方で、夜は一人で楽な仕事だという。それでも二回しか見回らないということは、それ以外はプレハブの中でのんびり過ごせるということだ。

「羨ましいですね」

「代わってても良いけど……幽霊とか平気？」

幽霊なんて信じる？　ではなく、平気？　ときた。

「は？　幽霊なんて気にしませんよ」

「夜中にプレハブとか機材の周りを足音が回るんだ。泥棒が来てもすぐ分かる」

「足音、ですか？」

「砂利でしょ？　凄く響くんだよね、ザッザッて足音。見回りする俺の後を付いてくることもあるし、気ままにうろうろしてたりもするんだ。最初は驚いたけど慣れたね。ドア開けても姿はないし、俺の正面でも関係なく足音が通過してく。思ったね。これはほっといていいかなって。せいぜい見回り中に肩を叩かれたり、たまに壁をコンコン叩いてくるくらい。どうも割と知られてるらしくて、近所のガキは怖がるから悪戯《いたずら》しないしね。泥棒だって自分の後ろを足音が追いかけてきて、そんで肩を叩かれたらびっくりして逃げるでしょ。それと胴長持ってるなら大丈夫」

悲鳴を上げた人間に気付いた清水さんが追いかけたことも数回あるらしい。子供ばかりだったようだが。しかも胴長とは一体どういうことだろう。

「最近雨多いでしょ。ドブ川を暗渠《あんきょ》にする工事だから、雨が変な風に溜まってさ。で、配線が適当だから漏電してて」

数日前はプレハブの周りは膝くらいまで水に浸かったそうだ。

現場監督は、絶対外には出るな、中にいてくれればいいと言い残したという。

「少し水が溜まると、水面をビビって電気が走るんだよ」

軽く言うが、物理的にかなり怖い話だ。

「だからトイレ行くときに胴長が必須なのよ。ほら台風も来るだろ？　プレハブ沈まないと良いなって思ってるんだ」

下手したら命に関わる。だから泥棒対応で、いるだけでも良いのか。

「さっき幽霊出るって言ったでしょ？　それがさ……見えるんだよね」

清水さんは片方の口の端を上げた。

「幽霊って見えないって言うじゃない。でも最初に漏電してたときにさ、ザッザッって足音してて外を見た訳よ。そうしたら電気がそいつの輪郭を走ってる訳。どういう仕組みなんだろうね」

それが水に踏み込んだ時点でぱしんという音がしたという。それで足音の主の輪郭がくっきり分かった。

「色はなくてね、あー背がちょっと高めの細い男で、片腕がないのと、腹の辺りが潰れてるっぽい。事故にあったのかなって思ってるよ」

それが雨のとき、水溜まりが多いときは、現場の機材置き場をうろうろする。

「イルミネーションと思えば何とか。ただその状態のときに肩とか叩かれたくないよね」

ケラケラと笑う清水さんだったが、夜勤の相方はどんどん替わってしまうそうだ。

小さな親切、余計なお世話

自分の店が早めに終わったので、友人である同僚の店に電話を掛けたらまだまだ終わりそうにないとのこと。どうやら彼女の店はかなり忙しかったらしい。

同じクリーニングの系列店とはいえ、場所が違うと客足の傾向も変わるので必ずしも同じように忙しいとは限らない。閉店後にお互い早く終わったほうがタグ付けの手伝いをするのもよくあることで。

帰りにスタバのキャラメルラテ奢《おご》る、ということで話を付けて同僚の店舗に向かった。

二人でやれば仕事も速い。レジ金の計算をして、後片付けをして、エアコン切って。最後に店内の電源を全部落とした。

電源が入っていない自動ドアの扉を手動で開けて外へ出て、後から出てくる同僚を待つ。すぐに外へ出てきた同僚が扉を閉めようと手を掛けた瞬間、その手を追うように内側からするりと。

「ねえ、今あんたの手を真っ黒な男の手が掴もうとしてるよ。ああ、掴み損ねた」

気付いてなさそうだったから事細かに実況してやったのだ。自分と違って彼女は視えない人だから。

「その情報は心底いらんかった！」

手を押し潰す勢いで扉を閉め、鍵を掛けてシャッターを勢いよく下ろして同僚はじっとりと恨みがましい目を向ける。

明日から店内に一人でおられんやないか、と怒られた。怖がりな同僚がまた遭遇したら可哀想だと思って教えたのに。

解せぬ。

笑い声

由加里さんが高校生のときに年上の従姉の家に泊まりに行った。

従姉の部屋にあるテレビの下には、ＶＨＳのビデオデッキが置かれていた。随分古いものので、今はもう使われていない。電源も抜かれており、要は廃品回収に出すのも面倒だというだけの理由で置かれているのだった。

枕が変わると寝られないという質でもないはずだが、その夜はやけに寝苦しかった。従姉妹のベッドからはすうすうと穏やかな寝息が聞こえてくる。

そのとき、部屋の角にあるテレビのほうから音が聞こえた。ビデオテープがデッキから吐き出される音だ。直後、ウィーンと音がした。今度はビデオテープが吸い込まれる音である。それが何度か繰り返された。

電源の入っていないデッキに、ビデオテープが出たり入ったりしている。

部屋は真っ暗で、音のするほうを見ても何も見えない。ビデオデッキは電源コードも紐で縛られていた。電気も入っていないのに動くはずがない。

だが延々と続くビデオデッキの動作音を聞いていると、次第に機械音が男の声に聞こえ始めた。魘《うな》されているような低いうめき声である。

せめて音とは反対のほうに身体を向けようとしたときに、自分の身体が動かないことに気付いた。ブワッと汗が噴き出る。

ううぅん、ううぅん、うーん、うーん、うーん。男の声はいかにも苦しそうだ。

どうしようどうしようと思いながら、声に耳を傾けていると、仰向けのお腹の上に何かが乗った。どすんという衝撃で胃の辺りが痛む。怖いわ痛いわ気持ち悪いわで腹が立ってきた。

続いて男性の太い笑い声が聞こえた。部屋を揺さぶるような、大きく底抜けに明るい笑い声だった。その笑い声は、自分の腹の上から轟《とどろ》いている。

何が起きているのか。怖いし動けない。お腹の上を確認することもできない。

その頃には怖さよりも混乱が先に立っていた。状況にどう反応していいか分からず、もうどうにでもなれと、半ばやけっぱちな気持ちで目を閉じた。

次に目を開けたときには朝だった。シャワーを借りて昨日首が落ちてきたであろう位置を確認する。

丁度胃の上に、下手くそな〈へのへのもへじ〉が描かれていた。

誰それ

現在大学二年生の忍野という学生が、中学生の頃の体験談。

その日、友人の加藤に誘われ、彼の家まで遊びに出かけた。話によれば彼の家族は全員外出しており、友人を家に呼んでゲーム三昧で過ごすのに都合が良いということだった。

それならばと、もう一人の北島という友人も誘い、三人で二階にある加藤の部屋で対戦格闘ゲームで遊び続けた。

暫くすると、北島がトイレを借りられるかと切り出した。

「廊下出てまっすぐ行った突き当たり」

コントローラーを激しく操作しながら加藤が答えた。

北島はその言葉を受けて部屋を出ていった。

彼は暫くして帰ってくると、何度も首を傾げながら加藤に訊ねた。

「背が高くて、凄く髪の長い女の人が一階に下りていったんだけどさ、家族いるじゃないか。あの人、お姉さんか何か？　できれば紹介してくれない？」

北島の言葉に、加藤は戸惑ったようだった。

「いや、ちょっと待って。俺に姉とかいないよ。誰それ」

「誰それって、お前以外誰が分かるんだよ」

忍野がそう加藤を茶化したタイミングで、画面の中で忍野の筋骨隆々のキャラクターが、加藤の操作する細身の女性キャラクターに蹴り飛ばされて敗北した。

「それじゃ、その女とやらを探しに行こうじゃないか」

負けた腹いせもあって、忍野がそう提案すると、加藤も頷いた。

「お前ら帰ったら、もう一人じゃ怖くて探すなんて無理だし。協力してくれ」

彼は不安そうに付け加えた。

家の中を三人で見て回った。それこそ、こんなところまで開けていいのかという場所まで探し回ったたが、女は何処にもいない。窓も玄関も全て内側から鍵が掛けられている。

「え、まだ家にいるってこと？」

「北島の見間違いじゃないの」

「俺より背が高くて、痩せてて、足まで髪の毛がある女なんて、見間違えるか？」

その北島の言葉を受けて、忍野の腕に、びっしりと鳥肌が立ったのを覚えている。

翌日から北島は高熱を出し、一週間に亘《わた》って学校に姿を見せなかった。

その間ずっと、北島はその女性に連れ回される夢を見ていたという。

同意／不同意

昼下がり。柴崎さんが二階の自室で休んでいると、すっと襖が開いた。

「ね、来たでしょう」

ぬっと顔を出したお母さんが、唐突にこんなことを言った。

「さっき、例の男が怒鳴りながら上がってきたでしょう。今日こそは分かったはずよ」

誰も部屋へは来ていない。こんなことを言われたのは今日が初めてである。受け入れて当然のことのように言われても、何のことか分からない。思わず、眉間に皺《しわ》が寄る。

しかし実を言えば、思い当たる節が全くない訳でもなかった。

今日のように昼間を自室で過ごしていると、時折、どんどんと足を踏み鳴らすような音が響いていたことには気付いていた。それはあたかも階段を上ってくるようでもあった。

二階には柴崎さんの部屋しかない。そこへ誰も入ってこないということは気のせいか、或いは隣家の音でも漏れ聞こえているのであろう。そう思うようにしていたのだ。

柴崎さん宅は母娘二人暮らしである。もう何十年と男は敷居を跨《また》いでいない。お母さんは認知症の類を患っている訳でもない。柴崎さんはお母さんも、自宅も、怖くなった。

六地蔵

その家には、六体の地蔵が立っている。
草木繁れる敷地の片隅の、陽も当たらぬ場所に並んでいる。
すぐそばを貫く国道の騒音も、ここまでは届かない。
ただひっそりと、苔《こけ》むして立っている。

今となっては昔のことだが、と人は言う。
国道を歩く女性が一人、ハンドル操作を誤ったトラックに轢《ひ》かれ亡くなったのだと。
以来。小糠《こぬか》雨のそぼ降る夜には、彼女が出る。
高速代を節約しつつも距離を稼がんと速度を上げる深夜のトラック便に、出る。
シフトレバーを握るその手の脇で、青白い顔をして座っている。
声を上げるとすうっと消えて、水に濡れたシートが残っている。
家路を急ぐドライバーの、ふと見上げたルームミラーに、映る。
バッグを載せたはずの後部座席で、長い髪を垂らし俯いたまま座っている。

えっと思って振り返ったときには霧散していて、シートに黒い染みができている。
そして、家にも出る。
何をするでもなく、ぼうっと立つ。視界の隅を、ちらりと動く。
出る家は一軒だけである。
その家の住人は、彼女の親族でもない。事故の関係者ですらない。
ただ、事故現場の目の前に家が建っているというだけなのだ。
家の中は恐慌状態である。
親類でも先祖でもない幽霊が現れるのであるから、当然であった。
女が立っていることは分かる。
年恰好や時期から察して、事故の犠牲者なのだろう、ということも分かる。
だが、何故うちに出てくるのか分からない。
何をどうすれば消えてくれるのか、察しも付かない。
そうしているうちに、日に日に弱って、弱り切って。歯が抜けるように、奥さんは。
もちろん、そうなった理由は他にもあったのかもしれない。
けれども、旦那さんの手によって、件《くだん》の地蔵は建立されたのである。
住む者の絶えたその家の敷地には、六体の地蔵が、今も立っている。

学園祭の思い出

三年C組　勝山湊

高校生活最後の学園祭は、クラス委員の泉水の涙で幕を開けました。座り込み涙に暮れる泉水を見つけた麻衣が職員室に駆け込んで、事態が発覚したのです。

学園祭でのC組の出し物は、お化け屋敷でした。教室に暗幕を引き回し、重ねた机で迷路を作り、ハンドメイドのお化けをぶら下げて、或いは血みどろのメイクを施したクラスメイトが飛び出すことで、八メートル四方の地獄を校内に出現させるというコンセプトでした。

皆で一生懸命に準備をしました。由利や七子は、本当に器用だと思いました。前日の準備が終わったのはもう深夜でしたが、やりきった喜びは大きかったのです。

「みんなよう頑張ったけん、先生がええもんあげよ」

大野先生が鞄から紙束を取り出すと、教室中からきゃあきゃあと歓声が上がりました。御札でした。もちろん本物ではありません。書道部で顧問も務める大野先生が、私達のために筆でさらさらと書いてくれたのです。

不思議なことに、本物よりも本物らしく、あちこちに貼って回った私は、これで本当にこのお化け屋敷は完成したのだ、と思いました。

その、御札が――。翌朝、全て剥《は》がされていたのです。

それだけではありません。丹念に、執拗《しつよう》に、千々に、破り散らされていたのです。

校舎にはセキュリティが掛かっているし、敷地内は守衛さんが巡回しているから、誰かが外から入ってきてやったとは考えられない、という話でした。

けれども、C組や、或いは他のクラスの人がやったとも、思えませんでした。

私は、このままうやむやになってしまうのは嫌でした。

だから、大野先生に「防犯カメラの画像を見せてほしい」とお願いしたのです。

教室の端っこにはカメラが付いています。あのカメラは夜中であっても稼働していて、常に全てを録画しているのです。

守衛室には、大野先生と私と、あと学園祭実行委員の摩季だけが行きました。

校舎の片隅の守衛室の、その端っこのディスプレイ前の人口密度が俄《にわ》かに上がります。

犯行時刻は午前零時から午前七時頃。早送りで動画を再生していきます。

え、これ何。初めに気がついたのは大野先生でした。午前二時を過ぎた頃でした。

先生の指差すところへ、顔を近付けます。摩季と額がぶつかります。

掃除用具入れに貼っていた御札が少し剥がれて、かしずくように二度、三度揺れます。

そしてひらりと宙に浮くと、そこに見えないシュレッダーでもあるかのようにその場で何枚何十枚にと切り裂かれ、ちらちらと残骸が舞いました。

次は、ロッカーに貼られたもの。その次は、黒板に貼られたもの。

次から次へと剥がれ、そして四散五裂していきます。もちろん、そこに誰もいません。

天井から剥がれ、壁から剥がれ、窓から剥がれ、机から剥がれ。

教室の中に雪が舞っているようでした。カメラの視界が遮られるほどの吹雪です。

摩季が呆然とその様子を眺めています。大野先生は両手で顔を覆っています。

守衛さんは腕組みをしたまま画面を睨みつけて、何も言いません。

私達を嘲笑《あざわら》うように舞った雪は、ふっと突然にその勢いを失って、床に落ちました。

大野先生は、「この動画のことは誰にも話したら駄目よ」と言いました。

けれども、私は卒業したら四国を離れて関西の大学へ進みます。これを秘密にしたまま皆と別れるのは、嫌でした。だから、書きました。

これが、あの日起きた出来事です。みんな、さようなら。

星を見る人

何か治安の悪い話はないかと、知り合いの壁さんという職人の方に訊いてみたところ、あるけど、何に使うんだいと逆に訊ねられた。怖い話を書いているのだと伝えると、それならうってつけのものがあるよと答えてくれた。


とある地方の河原には、空を向いて立つ幽霊が出るという。

そいつは夜の間中、口をポカンと開けたままずっと星空を眺めているのだそうだ。

何か理由があるのかと壁さんに訊いてみると、あまり聞かないほうが良い話だと思うけどねと言いながら、その治安の悪い理由を教えてくれた。

その河原には、実のところ、何人も若いのが埋まっているのだそうだ。

いわゆるヤクザ者で、要は鉄砲玉だ。鉄砲玉として命を獲りに来たのはいいけれど、返り討ちにあった結果、最後にその河原に連れて来られるのだ。

数人の監視のもとでスコップを渡され、穴を掘れと命じられる。言われるがままに穴を掘っていくと、次は中に入れと言われる。そこで悟って逃げ出そうとしても周囲から取り押さえられ、結局は穴の底だ。

周りから砂利を詰められ、水を注がれる。首まで水に浸かり、耳まで泥を被る頃には、息をするために自然と上を向く。

そうしてアップアップしていると、その上から百キログラムはあるだろうという大きな石を落とされてしまうのだという。

だからそうやって死んだ若い衆は、空を見上げて一晩中突っ立ったままなんだ。そのまま何年も何年も星空を見上げて、今もまだ突っ立ってる。

一人じゃないよ。何人もいる。

壁さんは真顔でそんなことを教えてくれた。

同乗二人

見知ったハッチバックに、見知ったナンバープレートである。

瑞穂さん母娘の乗る車の前を、一台のミニバンが走っている。

「ああ、あれは隣の地区の八洲さんの車よ」

ハンドルを握るお母さんが言った。その名前には、心当たりがあった。

赤信号。ブレーキ。リアウインドウ越しに見る横顔は、確かに先輩のお父さんである。

しかし、横に乗っているのは誰なのだろう。

ウエーブが掛かった、茶色いロングヘアの女性がナビシートに座っているのだ。

先輩ではあるまい。彼女は今、東京で仕事をしているし、いつもショートヘアだ。

では、奥さんだろうか。そういえば、先輩のお母さんはどんな人だったろうか。

「横に乗ってるのって、奥さん？」

特に深い意味もなく訊いたのだ。それなのに。

「え？　横？　誰か乗ってる？　あんたそれほんとに言ってる？」

お母さんが変なことを言う。八洲さん一人しか乗っていないじゃない、と。

何の冗談？　ヘッドレストの向こうに、見て、茶色い髪が揺れている。

いる、いないと問答を繰り返しているうちに、ウインカーが灯った。

八洲さんのミニバンが、交差点を左に折れてゆく。

ほら、やはり乗っているではないか。色の白い、涼しげな目元をした、若い女が。

ああ、それでか。この美女は、奥さんではないのだ。

だから、お母さんは見ていないことにしたかったのだ。そう、一人で得心した。


「ちょっとあんたさ、変なこと聞いちゃったわよ」

数日後のことである。お母さんが、買い物から帰ってくるなり大声で言った。

「さっき八洲さんに会ったのよ。あんたこの間、若い女がとか言ってたじゃない。あれ、訊いてみたの。運転席からは見えなかったんだけど、もしかしたらシートの陰に隠れてたのかもしれないし、本当に乗ってたんなら不倫じゃない。あんた何やってたんだ、って」

そしたら、何て答えたと思う？

――そりゃ、この前焼いた女だな。若いし美人なのに可哀想でよ。憑いてきたかぁ。

八洲さんは、火葬場の職員である。

駆け込み訴え

姉貴大変じゃ、わしゃでえれえもん見てしもうたが、寒気がしておえんで、うん、車は親父が運転したけわしゃ助手席に座っとったんじゃけど、祖父《じい》ちゃん家の手前に○○山があるじゃろう、あの脇を通りょおたら前から女が二人歩いて来よるんじゃ、いやあ、歳はどないなもんかの、作業服みたいなん着とるんじゃけど、縦に一列ぴしっと並んで、ああそりゃ角曲がった先の工場《こうば》じゃろ、そこの制服か分からんのじゃけど、前を歩きよる女がニヤニヤこっち見て笑うとるんじゃ、何じゃ気持ち悪いのう思いよったが、そりゃ姉貴は頭のいなげなもんが歩きよっただけじゃあ言うんじゃろ、ほうじゃねえけえまあ最後まで聞かれえ、後ろにぴたっとくっついとった女がのお、のっぺらぼうなんじゃ、じゃけえ顔がねえんじゃ、目も鼻も口も、何もねえんじゃ、じゃけど髪は生えとっての、後ろでひと束ねにして、じゃけえどない言うたらええんかのう、テレビドラマに出てくる銀行強盗がストッキング被っとろうが、あげな感じでこう……どないして見間違ういうんじゃ、親父も一緒に見とるんじゃ、すれ違うた後で二人して顔見合わせて叫んだんじゃけ、のう親父……な、言うたじゃろ？　ありゃほんまにおえんで。化けもんじゃ。

席替え

豊島さんは中学受験に合格して、私立の進学校に通い始めた。

その日は学校生活にも慣れた頃で、梅雨が明けるかどうかというタイミングだった。

授業中に机に並べた教科書を読んでいると、右肩を「トントン」と指で叩かれた。

後ろの席の子が何か話しかけてこようとしているのかなと思った直後、両耳に大きなノイズのような音と男性の声が聞こえた。ここは女子校だ。男性の声がするのはおかしい。

すぐさま振り返ったが、そこには誰もいなかった。そもそも後ろに人がいるはずはないのだ。彼女の席は、廊下側の一番後ろで、左隣には大人しくていつも授業中に寝ている子がいて、右隣には誰もいない。

廊下のドアは閉まっており、先生はずっと前で板書している。もし誰かが肩を叩いたのなら、廊下のドアを開けて教室に入ってきたということだろうか。

——気持ちが悪い。

彼女はその体験が気になって、もはや授業を聞くどころではなかった。

放課後に担任の先生に相談をすると、彼は少し考えた後で訊いた。

「豊島さん、お化けとか大丈夫な人？」

何を言い出すのかとポカンとしていると、彼は続けた。

「学校の近くに大きなお寺があるでしょ。そこに向かっていく幽霊が、教室を横切っているみたいなんだよね。それで、例年何人か、似たようなことを言うんだよ。気になるなら適当な時期に席替えをするから、それまで我慢してくれるかな。数珠とかお塩とかお札とかは持ってきてもいいから」

席替えが行われたのは翌週だったが、何故夏休みまで間がないのに席替えをするのかと、他の生徒には不評だったという。

石室

以前、鎌倉の怪談を集中的に蒐集していた時期に聞かせてもらった話。

小日向さんの旦那さんが亡くなったきっかけが、鎌倉の山歩きだったのだという。

ある日、旦那さんが鎌倉で山歩きをしていると、前方から手招きする老爺《ろうや》がいた。小柄で和装。髪の毛は真っ白で、後ろで結んでいるようだ。

どうかしたのかと近寄っていくと、いつの間にかまた少し離れたところから手招きをされる。

それが何度も繰り返された。旦那さんは揶揄《からか》われているのではないかと速度を上げたが、不思議と追いつけなかった。

「どうもうちの人、それで知らない所にまで連れて行かれてしまったみたいで。気がついたら石でできた蓋のようなものを見つけて、開けたんだそうですよ――」

彼はその際に黴《かび》臭い空気を吸い込んでしまい、咳き込みながら慌てて閉めたのだという。

しかし、どうもそれが元で肺の病気になり、一年と経たずに亡くなってしまった。

旦那さんが、具体的な場所を言い残していなかったので、その石室の場所は今でも誰にも分からない。

ただ、恐らくは〈やぐら〉が数多く残っている、衣張山《きぬはりやま》周辺ではないかという話だった。

プール監視員

プール監視員のバイトでの経験だという。

ある日、彼女は遅番で出勤した。その日は珍しく、入り口に綺麗な花束の入った花瓶が三つ並んでいた。特に気にせずいつも通り働いていると、営業時間が過ぎた。

引き続きクローズの作業に入る。片付けや掃除だ。彼女は今日が初出勤となる新人の後輩二人を連れ、洗剤とデッキブラシを三つ持って更衣室に赴き、掃除を開始する。

新人二人はよく似た背格好で、歳も同じくらいだろう。

それぞれ定位置について掃除をしながら雑談をする。お互いの顔は見えず、声だけが更衣室に響き渡る。後輩の緊張を解《ほぐ》そうと、学校生活についての話を訊いたり、他愛もない話をする。しかし、一人の後輩の返事は聞こえるが、もう一人の声は聞こえてこない。

きっと真面目な子なんだ。多分集中して掃除をしているのだろう。

特に余計な声は掛けないようにして掃除を続ける。

掃除が終わり、それじゃ上がろうかと後輩に声を掛けた。だが、姿を見せたのは一人だけだった。

「あれ。もう一人の子何処行った？」

「何言ってるんですか、元々私と先輩しかいないじゃないですか」

三つの掃除道具を抱え、更衣室に来たときには確かに三人だった。

喉に引っかかった魚の小骨のような違和感。とりあえず事務所に掃除完了の報告。

そして最後に、洗濯物を干す。

いつの間にか外は雨だった。仕方なく室内に干す。

これも新人ちゃんに教えないとなぁ。

そんなことを考えながら洗濯物を掛けようとすると、先ほど入り口で見た花瓶が置いてあった。洗濯物を引っかけてはいけないと、動かそうとした瞬間、先輩が声を掛けてきた。

「今日はこのプールで亡くなった女の子の命日だから、それ動かしちゃ駄目だよ」

これは内密でという話で聞いたことによると、プールで亡くなった子は、当時新人で入ってきた彼女と同じくらいの年齢で、プールの底で溺死しているのを見つけられたのだという。

そしてジムに確認した結果、その日、新人で入ってきたのは先ほどの一人だけだった。

先輩

高校一年生の六月くらいの時期に、体育祭があった。そのときに、やたら馬の合う先輩と出会った。

黒髪のボブがよく似合う可愛い人だった。

彼女はいわゆるメンヘラで、腕にはリスカの痕があった。

現在、うつ病を患っているのでよく分かるのだが、そういう人は、初対面だろうと関係なく、いたって普通の世間話のように重い話をする。

先輩も初対面なのに「見てこれー」などと笑いながらリスカ痕を見せてくれた。当時はまだそういう人と接したことがなかったので、とりあえず「切ると痛くなっちゃいますよ」とか何とか適当なことを言ったと思う。

それから二カ月ほど経ったある日、先輩は自ら命を絶った。校長先生が夏休み明けの集会で先輩が亡くなったことについて話したので初めて知った。学校近くのK駅のホームから列車に飛び込んだのだそうだ。

その日から何日経ったのか正確には覚えていないが、学校の正門で先輩を見かけた。

人の名前を覚えるのが大の苦手なので、校長先生の言った名前が先輩のものか、次第に怪しく感じられた。

「先輩生きてんじゃん」

そう考えながら、彼女とは普通にすれ違った。ただ何となく喋りかけはしなかった。

先輩のほうも、こちらに目もくれず歩いていった。

ただやっぱり先輩はちゃんと死んでいた。

先輩のクラスの先生が、酷く落ち込んで泣いていたのを見て、ああやっぱり先輩死んじゃったのかと再確認した。

あの日見たのは先輩だったのだという確信はある。だが、もしそうなら何故学校に来たのか。喋りかけたら何て答えてくれたのか。今でもたまに思い出しては少し寂しくなる。

たすき

斉藤さんの父がアルバムを整理しているときに、驚きの声を上げた。

何事かと訊ねてみると、懐かしい写真なんだよと、一枚の古いカラー写真を指差した。

写真の背景は防波堤で、カメラに向けてピースサインを出す幼い男の子が写っている。

その子が父だというから、平成の頭くらいに撮られた写真だ。

父が幼い頃、家族旅行で行った田舎の海で撮った写真なのだという。何が懐かしいのかと訊くと、この写真は元々心霊写真だったのだと言い出した。

現像に出して戻ってきた写真の中に兵隊のような人物が写り込んでいたというのだ。

兵隊は、カメラに向けてポーズを取る父のすぐ横に写り込んでいたというが、写真を撮ったタイミングでそのような人物はいなかったし、いたとしたらそもそもカメラを向けないだろう。

その程度には異様な風体だったのだという。

更に不思議なのは、その兵隊の胸に「日本国連邦」と書かれたたすきが掛けられていることだった。

幾ら考えても理由が分からず、恐らく心霊写真だろうという話になったという。

「でも、今何も写ってないよね」

「うん。消えちゃったからね」

写真に写り込んだ兵隊は、どんどん薄くなり、見えなくなっていったのだと父は言った。

見たかったなぁと言う娘に、父は「頑張れば見つかると思うよ」と言った。

兵隊氏は父の写った写真に、稀に写り込むらしい。

蛍狩り

昭治さんという男性から聞いた話。

昔、彼は旅先で友人数人と蛍を見に出かけたのだそうだ。

友人の運転する車で辿り着いたのは、ほとんど人も来ていないような山間で、確かに蛍が静かに舞っていた。

目の前には清流が流れているはずだが、夜なので水の流れるザーザーという音だけが耳に届いてくる。

すぐ横に木でできた壊れかけの橋があり、危険と書かれた看板が立てられていた。よく見ると、ロープも張られて進入禁止になっている。よほど危ないのだなと言い合っていると、橋の向こう側からおーいおーいという低い男性の声で呼びかけられた。

時間は夜十時近くになっている。一体誰が自分達を呼んでいるのかと、川向こうを懐中電灯で照らしてみても誰もいない。

何ですか、誰ですかなどと、こちら側から叫んでいると、呼びかけてくる声は聞こえなくなった。

気のせいだったんじゃないかという話になったが、帰りがけにもう一度懐中電灯を橋の先に向けてみると、そこに男性の影が見えた。

あーやっぱり誰かいたよ。そう言い合った直後に、一人がおかしいと言い出した。

確かにその服装が奇妙だ。男性は軍服姿に帯剣しており、藪の中を足音も立てずに近付いてくる。

おい、あれはまずいぞ。

友人の一人がそう声を上げて、急いで車に向かった。昭治さん達もそれに続く。

追いかけてくる軍服姿は、橋を渡ってくる途中にその姿が消えた。

車のハンドルを握ってその場に案内した友人は、宿に帰るなり、精神的に不安定になった。

今まで一度も訪れたこともなく、ナビゲーションにも頼らずに何故あんなところにまで行くことができたのか、まるで分からないのだと、青い顔で一晩中繰り返した。

高圧鉄塔

青葉君は東北地方に住む医学生だ。

運転免許を取った彼は、同級生達と、車で色々な心霊スポットを巡った。

あるとき、とある高圧鉄塔の噂を耳にした。そこでは何人もの人が首を吊っているらしく、幽霊を見たという人もいるという。

夏休みのある夜、彼は同級生二人とともに、その鉄塔に肝試しをしに出かけた。青葉君の他は馬場君と佐藤君。三人とも心霊マニアだ。

鉄塔自体が山の中にあるため、麓の大きな病院の駐車場に車を駐《と》め、懐中電灯を片手に林道を登っていく。

だが季節は夏。蔦が蔓延《はびこ》っていた。幸いサバイバルナイフを持ってきていたので、それで藪漕ぎしつつ進む。虫もいるし、切った蔦の樹液で全身が青臭い。三十分ほど掛けて進んでいくと、麓から見上げた鉄塔が見えた。

鉄塔の周囲には、工事現場を囲っているような背の高い金属製の柵が立っていた。自殺が続くので、容易に部外者が入れないようにしているのだろう。中を覗けないかと、青葉、馬場の二人と、佐藤の一人に分かれ、周囲をぐるりと回ることにした。

先に裏側に辿り着いたのは青葉君と馬場君だった。佐藤はどうしたのだろうと待っていると、「うわっ」という佐藤君の声が聞こえた。何があったのかと懐中電灯を向けたところ、佐藤君がうわうわうわと声を上げて走ってきた。

「子供子供。子供が座ってる」

真夜中の山の中。蔦の絡まった奥だ。誰もいるはずはない。だが、三人で向かうと、チェーンの巻かれた門の前に、小学校低学年ほどの男の子が膝を立て、そこに額を乗せるようにして座っている。

青葉君は後ずさった、だが本物の子供なら警察を呼ばないといけない。以前テレビでやっていた、〈小学生がキャンプ場から遊びに出て遭難した〉という話を思い出した。

こちらは大学生三人で、相手は子供だ。何も怖がることはない。

「君、大丈夫？　こんなところでどうしたの？」

何度か声を掛けたが、反応がない。勇気を出して近付いていく。

もうあと一歩で手が届く。そのとき、不意に子供が頭を上げた。

そこに顔はなかった。顔のあるはずの部分に、ボーリングの玉のような球体が嵌まっており、五百円玉ほどの三つの真っ黒な穴が空いている。

それが青葉君達のほうを向いたまま、甲高《かんだか》い声を上げた。

「連れてって！　連れてって！　連れてって！」

繰り返すその声を後に、三人は叫び声を上げて元来た道に向かって駆け出した。

蔦に足を取られて何度も転びそうになりながら、駐車場まで戻る。

「――なぁ、佐藤が戻ってこないぞ」

息を切らした馬場君が指摘した。

幾ら待っても彼は戻ってこなかった。しかし二人とも、もう山に入ることはできなかった。怖かったからだ。林道から懐中電灯で周囲を照らし、佐藤君の名前を呼ぶ。それから空が薄明るくなるまで駐車場で待ったが、まだ帰ってこない。

明るくなった頃、二人は再び鉄塔に向かった。

柵の下に佐藤君がへたり込んでいた。

彼は涙を流しながら小さく呟き続けていた。

「連れてって、連れてって。置いてかないで――」

貝吹地蔵

かつて新田義貞に追われた北条高時が自刃し、家来達がその首を何処に隠そうかと悩んだときに、法螺《ほら》貝を吹いた地蔵が現れ、首を隠す場所まで案内したという話がある。

又は、逃げ延びる北条家の兵を逃がすために法螺貝を吹いたとも伝わっている。

その地蔵は、今でも天園ハイキングコースの中にひっそりと残っている。

貝吹地蔵のある場所は、周りにはやぐらが数多くあり、訪れる人の多くが空気が違うとの印象を持つという。

その地蔵の案内板の前で地元に詳しい男性が語ってくれた話。


貝吹地蔵の話を小耳に挟んで、深夜に肝試しをしようとやってきた四人の少年達がいた。

瑞泉寺口の細い登山道を上っていく。雰囲気はたっぷりで、皆、肝試しらしさにドキドキしていた。

その中の一人が、火の玉を見つけてしまった。

うわっと驚いて逃げる少年達を、幾つもの火の玉が追う。今登ってきた坂道を、転がるようにして逃げ出した。

しかし足元の悪い山道を降りたところで、一人足りないことに気付いた。こんなところで遭難なんて洒落にならない。

慌てて再度山道を駆け上り、火の玉に警戒していると、何処からかボォーという不思議な音がした。深夜なので、フクロウか動物の鳴き声だろうか。だが、あんな音に聞き覚えはない。

何だ何だと周囲を見渡すと、火の玉に照らされて、ふらりふらりと歩く友人の姿があった。火の玉は怖いが、それよりも友人が心配だった。

走っていって腕を振り回して火の玉を追い払った。聞こえてくるボォーという音も無視して、ふらふらしている友人の手を取り、坂の下へと向かわせる。

まだ意識が朦朧《もうろう》としているのか、友人は転倒した。

「大丈夫か、おい！」

「……いってぇ」

目の焦点の合っていなかった友人が声を上げた。ほっとはしたが、今度は何やら足を押さえている。

「どうした、大丈夫か？　お前変になってたぞ」

「痛ぇよう。火の玉となんか大きな音に呼ばれた気がして。もしかしてそのせいか、この怪我ぁ」

肩を貸し、ゆっくりと坂を下りる。先行していた友人に携帯で救急車を手配してもらった。

やはり逃げ遅れた友人は左脚を折っていた。

救急隊員には、ナイトハイクで転倒したと告げておいた。

開放骨折でなかったのが幸いだったが、入院期間は大分長かったという。

「それからも何人も肝試しで来てはボォーって音を聞くんだってよ。貝吹地蔵様の真似をした何かだろう。意外と山も深くてね。行方不明もいるってさ。ま、噂だよ噂。夜にこんな場所来るなんて若い奴らだしね」

上半身だけの石造りの地蔵は、何も言わずに、男性の話を聞いていた。

三十三間堂

「中学校の修学旅行で、京都に行きまして」

と、彼女は言う。

教科書で知っている、テレビでなら見たことがあるようなスポットを、同級生と班を組んで回った。当時は、まだインターネットなどない時代だったから、せいぜいが旅行ガイドくらいしか前情報を得る機会がなかったのだが、そのことがむしろ幸いした。

見るもの全て、よく分からないが荘厳だ、と思えた。

京都駅から近い蓮華王院《れんげおういん》にも足を運んだ。

三十三間堂は蓮華王院の本堂である。千体千手観音立像と呼ばれる、千を超える観音像が整然と並んでいる姿は壮観以外の言葉が出てこない。

千体の観音の中から特に選ばれた二十八部衆像がまた圧巻だった。

その造りはどれも生き生きとしていて、特に一番手前の仏像はまるで本当に生きているかのようだった。

ただそれは、仏像の彫刻表現としての生々しさではなかった。

どちらかと言うと、生きた人間が像を演じているかのようだ。

バラエティ番組などで、人間が銅像に扮して動かない、急に動いてびっくりさせる、というドッキリ企画があるが、むしろそちらに近い。

まじまじと何度見ても確かにそれは像である。だが、今にも動き出すその寸前であるという畏《おそ》れのようなものがあって、つい身構えてしまう。

「ねえ、この像生きてない？」

「は？」

試しに友人に訊いてみたが、怪訝《けげん》な顔で返された。

ならば、やはり気のせいか。

それ以上足を止めるのも憚《はばか》られたので通過したが、振り返ると他のクラスの子がやはり同じ像の前で驚いて立ち止まっている。その子も他の像を見比べたり周囲を見回している。

自分だけじゃないんだな、と思った。

ずっとそれが気になっていたので、高校の修学旅行でも三十三間堂に行った。

あの像は独特のポーズだった。

苦しみ、悲しみに満ちた女性が、まるで救いを求めようとするかのように斜め上を見上げ、今にも叫び出しそうな悲壮に満ちあふれたポーズである。祈りや、憤怒を持って衆生を見下ろすポーズの仏像が多い中、あまりにも異質すぎて記憶に残っていたのだ。鮮烈すぎて忘れられなかった。だから見間違うはずがない。

だが、ない。千体千手観音立像のひとつひとつを時間の許す限り確かめたが、件の像そのものがなかった。

彼女はそれでもどうにも納得できず、大人になってからもう一度三十三間堂を訪れた。修学旅行よりずっと時間が自由になるので、丹念に全てを確認したのだが、やはりない。よくよく考えれば、仏像としては奇妙だった。

「今、三十三間堂のＷｅｂページを調べてみましたが、やはりあの像だけ写真が見当たらないんです」

もしかしたら、自分が見ていたものは仏像ではなかったのかもしれない。

或いは、他の人は別のものに見えていたのかもしれない。

何分、京都である。そういうこともあるかもしれない。

異界への行き方

「怪談かって言われると、何か別の話みたいな気もするんですけど」

濃い色付きの眼鏡を掛けて、少し舌ったらずな独特の口調で話す伊織さんは、四十代に差し掛かろうという年齢だ。しかし、まるで女学生のような印象を与える女性だった。

何か怖い体験があるのかを訊ねると、まだ彼女が若かった頃に知り合いの占い師から教えてもらったという、異界に行く方法を教えてくれた。

「あたしは失敗しちゃったんだけど、成功したら自分の望んでる世界に行けて、この世界からはいなくなってたはずなんですよね」

残念そうな口調で言って目を逸らし、彼女は、「代償も大きいしね」と呟いた。

荒唐無稽な話だが、彼女は実際に試した上で、その方法を信じているのだという。

「まず五日間寝ない」

占い師の女性は、異世界に行きたいと相談した彼女に、本気で行きたいのかと何度か確認した末にそう告げた。伊織さんが頷くと、続いて五日目の夜に、六芒星を紙に描いたものを枕の下に敷いて寝るのだと続けた。流石に五日間も徹夜していれば、すぐ眠りに落ちるだろう。

するとと占い師は、すぐに夢を見るよと教えてくれた。

「夢の中では鳥居が何基も立っている。そこで五つ目の鳥居の前で右に曲がって、道なりに歩いていくと、梅の花が咲いてる場所に着くよ。更にそこを突っ切ってまっすぐ進んでいくと、大きな扉が一枚ぽつんと置かれている。それを開けるんだ」

混乱しそうだと思ったので、メモを取ろうとすると、占い師は、首を振った。

メモは夢の中に持っていけないから、覚えないといけない。

そういう話だった。

「扉を開けた先が、夕焼けの中のように黄金色に染まっていて、桜に似たピンクの花が咲いてる木の根元に繋がってれば成功。そこから先は自分が望んでる世界に繋がるから、思うまま歩けばいい。上手く行くように祈っているけど、それならこれで最後だね」

「そう言われたあたしは、試したけど失敗しちゃったんだよね――」

彼女が言うには、失敗すると普通に目が覚めるらしい。

ただ、そこから視力が凄いスピードで悪くなっていくのだという。

「それが代償なの。興味本位でやらないほうがいいと思うよ。あたしは五本目の鳥居までは行けたんだけどね。そこまでだった」

彼女は最後に眼鏡を外して呟いた。

「興味本位でやるもんじゃなかった。今、この目はほとんど何も見えないんだもの」

彼女の片目は、白く濁っていた。

お前だよ

都筑君が小学生の頃の思い出だという。

静岡県のとある自然公園のキャンプ場に、学校の行事で宿泊学習に出かけた。

夜、布団に入ったはいいが、なかなか寝付けない。そんなことをしていると、尿意が込み上げてきた。心細かったので、周囲の友達に声を掛け、数人で連れ立って、少し離れた場所にあるトイレにまで行くことにした。

消灯の時間を過ぎていたこともあり、部屋には常夜灯のオレンジの豆球が頼りなく光っているばかりだ。立ち上がってもお互いの顔がよく分からない。

廊下にも非常口の案内板が薄ぼんやりと光っているのみで、電気のスイッチが何処にあるかも分からない。とにかくおっかなびっくりで、トイレの場所を目指した。

一方でトイレにはやたらと明るい蛍光灯が点けられており、眩しく感じるほどだった。

もう寝ているクラスメイト達を起こさないため、足音を立てないように注意しながら部屋に戻ると、部屋にいた友達から小さく声を掛けられた。

「一人多くない？」

いやいや。そんなことはありえないだろう。だが、友達は頑《かたく》なにそう主張する。

「トイレに行ったのは、都筑、山城、檜山、田中の四人だろ」

確かにトイレに行ったのはその四人だ。

「今、部屋に五人入ってきただろ。それで、今立ってるのも五人だろ」

四人は息を呑んだ。今正に不審人物が紛れ込んでいるということではないか。

顔を見合わせても光量が不足していてお互いの表情は分からない。

背格好も似たようなものだ。
一、二、三、四。
確かに自分以外に四人立っている。

だがどうして良いか分からずに立ち尽くしていると、友達から声を掛けられた。

「あ、四人になった」

再度お互いに顔を見合わせる。確かに今立っているのは四人だけだ。

怖い怖いと、頭まで布団に潜り込んで寝た。

翌朝、五人いたと言っていた友達から声を掛けられた。

「都筑さ。お前だよ。お前だったんだよ。昨日、お前が二人立ってたんだよ」

その言葉を受けて、昨夜一緒にトイレに行った三人も揃って頷いた。

手から先

「後ろからついてきた奴がいて、困ったなとは思っていたんですよ。だからわざわざ人通りの多い道を歩いてきたし、コンビニにも寄ったんですけどね」

由里香は眉間に皺を寄せた。

「マンションのドア入って、閉めようとしたときに、さっと手が伸びてきたのが分かったから、急いでドアを閉めたんです。そうしたら引っかかっちゃって」

引っかかったのは、手首よりも更に指先寄り。手相で言うところの感情線、つまり親指と他の四本の指との間だった。

半透明の、明らかにお化けのそれなのに、何故かドアが閉まらない。掌の厚み分、まるで文庫本か何かを挟み込んだように動かない。

ゾッとした。

入らせてはなるものかと、ガンガンと何度もドアを小さく開け閉めしているうちに、ドアがガチャリと音を立てて閉じた。

よかった。

そう思ったのは一瞬だった。自分の足の隙間を縫って、巨大な虫のようなものが走っていった。切断された手だった。

必死に探しても手は出てこない。気配すらない。

その晩は寝られなかった。なぜなら、まだそれがいるのが分かるからだ。

手が入り込んでから、明らかに変わったのは室温だという。部屋の温度計の数値を見る限り、変化はない。だが、凍えるほどに寒い。夏も近いというのにファンヒーターを出したほどだ。

これは耐えきれないと、早朝、最小限のものをスーツケースに入れて部屋を出た。それから一週間、ずっとホテル暮らしだ。

「引っ越すにしても、荷物の隙間にいないとも限らないから」

この先どうするか、まだ未定だという。

足音

丹下君という学生から聞いた話。

彼は神奈川県の駅前にあるマンションの最上階に家族と住んでいる。

彼の部屋の窓はマンションの廊下に面しているが、廊下と窓の間にはポーチがあり、門扉と大人二人が立てるほどのスペースがある。

ある夜、自室でレポートを書いていると、カーテンの掛かった窓のほうから、一定のリズムで何か固いものを打ち合わせるような音が聞こえてきた。

最初はハイヒールでマンションの通路を歩いている音だと考えたが、それにしてもおかしい。音量が一定のままなのだ。まさかその場で誰かがハイヒール姿で足踏みしているということもないだろう。

時刻を確認すると、午前零時を過ぎている。

エレベーターからこちら側には、自分達の部屋しかない。

奥は奥で老夫婦が住む部屋だ。

丹下君は首を傾げた。それでは何かが窓を叩いているとでも言うのだろうか。

だが門扉を開ける音は聞こえなかったし、不審者だったとしたら怖いので、窓もカーテンも開けたくない。

考えているとどんどん怖い想像になってきたので、部屋を離れてリビングに向かったが、もう両親は寝てしまっていて、リビングも真っ暗だ。最悪である。

どうしようどうしようと、自室とリビングの間を行ったり来たりしているうちに、五分ほどで音は聞こえなくなった。


翌日、エレベーターの前に、揃えられた赤いハイヒールが残されていたのを、隣の老夫婦が見つけ、管理会社に連絡をしたという話を聞いた。

管理会社によれば、監視カメラには件のハイヒールだけが映っており、それを履いているはずの人物は映っていなかったとのことだった。念の為に飛び降りの可能性を考え、警察を交えての調査も行われた。しかし遺体は発見されなかったため、事件性はないだろうという結論で終わったようだ。

「だから、多分本当に足踏みしてたんですよね。あと、本当に飛び降りが起きちゃったらどうしようって、家族は今も心配しています」

折る刃

とある地方都市に住む主婦の洋子さんから聞いた話。

「刃が折れるカッターが苦手で、大体工作のときは全部鋏《はさみ》でやっちゃうんですよ」

四十年ほど遡る。彼女が通う小学校の図工の時間にカッターを扱う機会があった。

先生からは、カッターの刃の使い方の説明を受けた。その中には、欠けた刃や切れなくなった刃は余計に危ないので、こまめに折るのが良いという説明もあった。

だが、まだ力の弱い生徒が、一人でカッターの刃を折るのは危ない。

担任の先生もそう思ったのだろう。刃を折りたいなら手伝ってあげるから、先生に言うようにと指示が出ていた。

洋子さんが興味を抑えきれず、チキチキチキチキと音を立ててカッターの刃を伸ばした。

直後、カッターの刃がパキンと音を立てて机の上に落ちた。根本から折れたようだ。

元々折れていたのだろうか。それとも何か理由があるのか――。

そう考えている目の前で、その刃が線の部分で次々に折れ、小さな鉄片になっていく。

それをゴミとして捨てようとして、指先に怪我をしたのが今でもトラウマだという。

光るもの

秋山さんが高校時代に、公園でバスケットボールの練習をしていたときの話だ。

季節は初夏。練習を開始してから、もう二時間が経っていた。放課後に三人で始めた練習も、一人が塾があると言って抜けて、今は友達と二人きりである。

陽も落ちてきて、次第に周囲も暗くなってきていた。そろそろ切り上げどきだろう。

そのタイミングで友達がベンチからタオルを投げてくれた。

汗を拭っていると、その友達が変な顔をしている。

「何か聞こえない？」

耳を澄ますと、確かに聞こえる。最初は音楽かとも思ったが、ハイブリッドカーが徐行しているときの音のようにも思えた。

「あれ何」

息を呑む友達の声を受けて、彼女の指差すほうに視線を向ける。バスケットコートの外に、光る人型のものが二人立っていた。どちらも身長は二メートル近くある。手足が長く、特に手は地面に着きそうなほどだ。

「ねえ、何あれ。どうする？」

混乱した声でどうすると問われても、こちらから何かできるものでもなさそうだ。

「……ちょっと弟に来てもらえるか訊いてみる」

秋山さんはスマートフォンから弟にメッセージを送った。

先ほどから聞こえる音は、光る二人のほうから流れてくるが、それが何なのかはよく分からない。相変わらず光っている二体は、コートの柵に張り付いたままこちらを窺っているように思える。

そのとき、スマートフォンが震えた。

「もう着くよ」という弟からのメッセージだった。だがメッセージは矢継ぎ早に届いた。

「あれ何」「光ってる」「怖い」「お姉ちゃん何処にいるの」「バスケットコート見えないんだけど」「怖い」

弟が何か変なことに巻き込まれている。そう直感した秋山さんは、その場から駆け出した。コートを飛び出し、弟の姿を探す。何処にもいない。

荷物を持って友達も追いかけてきてくれた。そのまま走って家まで帰った。

帰宅すると弟が出迎えてくれた。彼は家でずっとゲームをしており、先刻のやりとり自体知らないという。確かに彼の携帯には、メッセージは残っていなかった。

虫取り網

牛沼さんという学生の方から聞いた話。

彼女の母親がまだ結婚する前に、一回だけ不思議な体験をしたことがあるという。

当時高校三年生だった母親は帰宅してから塾までの間に、お米を研いでおこうと考えた。塾に出かける直前に炊飯器で炊き始めるのが習慣だった。

お米を研ぎ終わり、塾に行く準備をしようと思った直後、全身が動かなくなった。

金縛りだ。

キッチンで立ったまま身動きが取れず、一体これは何だと戸惑っていると、インターホンが鳴った。

だが、身体が動かないので、出ることもできない。

回覧板か宅配の荷物か、一体何だろう。

すると、庭のほうから、誰かが家に入ってくる気配があった。

誰が入ってきたのだろうと動けないまま警戒していると、入ってきたのは虫取り網を持ち、虫かごを首から提げた少年だった。

「お姉ちゃん、大きな虫が付いてるよ」

少年はそう言うと、虫取り網を背中に伸ばした。

——何？　一体何なの？

パニックになりそうだったが、少年は構わず虫取り網を彼女の背中に張り付けた。

「大物だ」

彼は満足そうに言うと、死角でゴソゴソと何かしている。恐らく獲物を虫かごに移動させているのだろう。

「それじゃまたね。お姉ちゃんも、すぐ動けるようになるから」

これが牛沼さんの母親の唯一の不思議体験だが、「それじゃまたね」がいつ来るのか、彼女は時々不安になるという。

すねわたり

　毛利さんは、何度となく金縛りに遭っている。

「その中でも一番嫌だったのは、〈すねわたり〉をしてくる奴ですね」

〈すねわたり〉は毛利さんが子供の頃に名付けた呼び方らしい。彼の説明によると、とにかく途方もなく痛いのだそうだ。

　仰向けに寝ていると足首の辺りを誰かが踏む。当然身動きが取れない。その時点でとにかく痛い。足が攣《つ》るより何倍も痛いらしい。その踏まれている位置が、少しずつ脛《すね》のほうまで上がってくる。これが〈すねわたり〉だ。

　大体は膝の下までで気配が消え、地獄の苦しみもそこで終わる。

「過去に一回だけ、太腿まで来た奴がいるんですよ」

　太腿は、脛より更に痛みが増し、我慢できずに尿を漏らすほどの痛みらしい。

「あれ、もっと上まで来たら死んじゃいますよ」

　二度と〈すねわたり〉には遭いたくない。毛利さんは、真剣な目でそう教えてくれた。

B4

不由美さんのお母さんが入院していたときの話である。お見舞いの帰りに、エレベーターで四、五人の見舞い客と乗り合わせた。皆の目的階はロビーのある一階だ。不由美さんもそのとき、一階のボタンが押されているのを確認している。

だがゴンドラは一階を通り過ぎた。停まったのは階数表示によればB４というフロアだった。

——地下四階？

階数表示を信じるならばそういうことになるが、この規模の病院に地下四階などあるのだろうか。

皆が戸惑っているのが伝わってくる。

目の前の扉が開くのを待っていると、チーンという音とともに背後の扉が開いた。不由美さんは無言のまま振り返った。

開いたドアの先には電気も消された真っ暗な廊下がずっと先まで続いていた。

不由美さんがボタンを確認すると、B１、つまり地下一階に相当するボタンには、金属カバーが掛けられて押せないようになっている。それより下は、ない。

彼女は再度一階のボタンを押すと「閉」ボタンを連打した。だが、扉はなかなか閉まらない。故障かと思うほどの長い時間だった。

すると、客の間を縫うようにして一人の女性がドアの外に降りた。

「おい、あんた」

年配の男性が戸惑ったように声を掛けた。

その直後にドアが閉じ、エレベーターは上昇を始めた。

滴《しずく》

坂野さんという主婦による体験談。

ある日、掃除をしていて腰を痛めたので、近所の整形外科に出かけた。

ミニスカート姿で待合の椅子に座っていると、上から何か滴《したた》ってきた。見ると膝の上に血を散らしたような赤い滴が乗っている。

これは何だろうと天井を見上げるが、何も不審なところはない。

ハンドバッグからウェットティッシュを取り出して、その血を拭おうとしたが、まるで取れない。ゴシゴシ擦《こす》っても印刷でもされているかのように取れない。

訝《いぶか》しがりながら席を移動した。

すると、再び天井から血の滴が降ってきて膝を濡らした。

まだ手に持ったままのウェットティッシュを押し付けたが、やはり取れない。

まるで油性塗料か何かで描いたかのようだ。

そうだ。

彼女は立ち上がって、掌を消毒するためのアルコール洗浄剤を手に取り、それで膝を拭った。

だが、やはり取れない。

アルコールでも取れないとなると、どうしたらいいのかしら。

戸惑っているうちに、診察室から呼ばれた。

診察が終わった頃には、滴の形は消えて、膝が真っ赤に染まっていた。

医者にはその様子が見えていないようで、特に何か指示が出るということもなかった。

それ以来、彼女は原因不明の膝の痛みに悩まされている。

他の人には赤く染まった膝が、普通に見えているらしいということだけが救いだ。

通う病院は変えたという。

影

中学生のとき、金城さんが学校からの帰宅途中に一人で歩いていた。正面にある影が変な踊りを踊っていた。何だこれはと足を止めて見ていると、二秒ほどで影の動きは止まった。

おつまみ

直子には、ここ半年凄く困っていることがあるのだという。

最近、外出するときに、誰かに足の指を摘《つま》まれている。マニキュアをしているから、女だと思うというのだ。

最初は中指、人差し指、親指で、サンダルから見えている指を摘んでいるのが目に入るようになった。

重さは感じない。だから歩く邪魔にはならない。

暫くしたら消えるだろうと高を括っていた。

「で、最初はそれだけだったんだけど、手首、肘、今は時々肩くらいまで見えてきて」

めちゃくちゃ邪魔だ。だから外出したくない。

通販で何足か新しい靴も取り寄せてみた。色々と塗り薬も試してみた。しかし、外出時には、つま先から他人の腕が前に向かって生えている状態は変わらないのだという。

見惚れる

「おい、何ぼさっとしとんねん」

日頃からパワハラ気質の上司が、苛立ちを孕んだ声を投げつける。

しかし相川さんはそれには答えない。無言で一点を見つめ、立ち尽くすばかりである。

もちろん声は耳に届いているのだが、意識を上司へ向けることができずにいるのだ。

靴音高らかなスーツ姿の男が、怪訝な視線を寄越している。

顔を顰《しか》めて睨《ね》めつける人、舌打ちを響かせる人。わざと荷物をぶつける人。

皆露骨に相川さんを邪魔者扱いして通り過ぎる。

それもそのはず、現在の時刻は十八時を回ったところである。

わんわん響くアナウンス、輪唱のように連なる接近メロディ。

ひっきりなしにやってくる電車から吐き出される何百何千もの人々が、ベルトコンベアに載った工業製品のように相川さんの眼前を流れていく。

相川さんは、駅務員なのである。

幾つも並んだ自動改札機の脇に立ち、エラーを知らせるチャイムが鳴れば駆けつけて、不慣れな旅行客に乗り換えルートを教え、落とし物があればマジックハンドを携え走り、時には酔客の喧嘩の仲裁もする。

お困りのお客様をいち早く見つけようというその目が、若手ながら新人教育も任されるようになったその目が、しかし今はたった一点にのみ向けられているのである。

どうどうと泡立つ川を思わせる流れの中に、ぽっかりと生まれた中洲のような空間。

そこにぽつんと、独り女性のお客様が立っている。

けれども相川さんは、女性だから見ているのではない。

人流の切れ間から見えるその人が、本当に女性なのかは定かでない。整った顔立ちと、腰まで伸びた黒髪から判断したに過ぎない。

黒いフリルの付いた、西洋人形のようなワンピースが珍しくて見ているのでもない。

和装、コンサバ、パンク、ゴスロリ。色とりどりの装いが通りゆくのが常である。

ただ、具合が悪いのか、それとも酔っているのか、ゆらりゆらりと揺れる身体を、

――三本の足が支えていた。

始めは作り物かと思ったのだ。けれども。

柔らかそうなもも、清らかに伸びたすね、張りのあるふくらはぎ。

どの足も同じように生気に満ち満ちているではないか。

あたかもそれが当然かのように、三本の足が絡まることなく交互に繰り出されている。
どう買い揃えたか、膝上まである純白のタイツに、漆黒のエナメルシューズを履いて。
故に相川さんは。
彼女が人ならざるものなのか、それともそういう人なのか区別が付かないでいた。
行き交う人々もそんな肢体に気がつかぬのか、それとも彼女自体が見えていないのか、
歩みを緩めることもなく絶妙な距離感ですれ違っていく。
こんなにも美しく、けれども歪《いびつ》で、妖しい人が同じ空間に存在しているというのに！
己が感情を持て余した相川さんは、仕方なく、本当に仕方なしに、今見えているものを
上司へ報告することにした。
「何をアホなこと抜かしてんねん。頭おかしいんと違うか」
——けれどもね。この仕事をしていると、多かれ少なかれ、変なモノを見るんですよ。
そう言って相川さんは、今日も駅に立っている。

踏切玉

美香が普段使わないほうの路線の駅から降りたのは、その夜が三回目だった。

終電間際の人身事故が原因だった。彼女の住むマンションからは徒歩圏内に私鉄の駅が二つあるが、今夜使った路線は、乗り換えが必要なこともあって滅多に乗る機会はない。

今週は忙しかったのもあって疲労はしていたが、明日は休日だ。

だらだらと線路脇を歩いていくと踏切があった。

その脇を通過しようとしてどきっとした。

小学校低学年くらいの年頃の男の子が、片手にサッカーボールを持って佇んでいた。

ＬＥＤの真っ白い光が、踏切に立つスニーカー、デニム地の半ズボン、薄い空色のＴシャツを浮かび上がらせているが、彼の顔だけが影になって見えない。

背は平均よりも低い美香の胸までもないだろう。

そんな少年が、踏切の真ん中に突っ立って、上半身をゆらゆらさせている。

終電まであと何本かという時刻だ。

親は何処にいるのだろう。

見回しても周囲には誰もいない。

踏切の向こう側には石垣があり、細い道がつづら折れに上っていくのが分かる。

関わってはいけないと何かが告げた。

踏切を無視して家に帰ればいい。そう思って足を踏み出そうとしたときに、けたたましく警報音が響いた。モーター音とともに遮断機が下がっていく。

「君！」

美香は男の子に声を掛けた。しかし、彼は一歩も動かない。

「電車来るよ！　危ないから、すぐ踏切から出て！」

声が届いていないのかと、警報音に負けじと声を張り上げたが、彼はふらふらと上半身を揺するだけだった。

――もう駄目だ。

強く目を閉じた。

列車の近付く音、アスファルトの振動、列車が通過していく風圧。

パンプスに何かが当たった。

薄目を開けると、転がってきたサッカーボールだった。

男の子は――！

惨事を予想しながら瞼を開くと遮断機が開くところだった。ライトに照らされたそこには、事故の痕跡もない。

——良かった。

ほっと胸を撫で下ろしたところに、再度足にとんと男の子のボールが当たった。

足を退けると、ボールはコロコロと踏切の中に転がっていき、そのまま渡り切った。

唖然とする美香のことを置いて、ボールは意志を持っているかのように石垣のつづら折れを上がっていった。

そこ死んでますよ

深夜に八王子の山中にある、まだ潰れて間もないラブホテルへと足を運んだ。外観を撮っていると、中から若い男性が出てきた。服や靴、身につけているものからも廃墟巡りの好きな御同輩だと分かる。

すれ違いざまに彼から声を掛けられた。

「そこ、死んでますよ」

事件や事故があったとは聞いてない。だが、そんなことを聞かされると、足がすくむではないか。

振り返ると、彼はもう姿を消していた。

一通り中を巡り、屋上までも上がってみたが、遺体は発見できなかった。

何ともモヤモヤする話だが、まだ新しく荒らされてない廃墟を見られたので良しとする。しかしタチの悪いことをする奴もいるものだ。

それから何カ月か経った。

ＪＲ新横浜の駅だった。

出張のために新幹線をホームで待っていた。

乗る新幹線が入ってきたので、ホームドアの位置で待つ。ドアが開き、中から初老の男性が降りてきた。

彼とすれ違う瞬間に声を掛けられた。

「そこ、死んでますよ」

観光バス

沖縄県で起きた話である。

佐伯さんが参加した婦人会のバス旅行は、目的地が沖縄本島北部の小さな個人商店だった。会の女性が、観光客が来ないような小さなお店が良いと言ったからである。

しかし、バスの運転手にもその店の正確な位置が分からない様子で、二十人ほどを乗せた観光バスは、先ほどから迷子のように右往左往している。

市街地を離れて暫く経っており、道中はサトウキビ畑とパイナップル畑ばかりが広がっていた。バスは先ほど入り込んだ一本道をのろのろと走っていく。

——この道も間違っているかもしれないな。

佐伯さんはバスの車窓から月桃畑の濃緑を見ながら思った。道は辛うじて舗装されているが、いつ砂利道に変わるか分からない。

そのとき、フロントガラスの向こうに光るものが見えた。

まだ距離はあるが、それは一目で真新しいバスだと分かった。五月の眩しい陽射しを受けて輝く大型観光バスだ。

「あんな大きな観光バスがいるってことは、あそこが駐車場なのかしらね。やっぱり何処も観光地になってるのねぇ」

最初に目的地を決めた女性が口にした。安堵した口調だった。そうだろう。乗客も迷い道を巡るのには飽きていた。

あのバスの所まで行き着くには、今走っている道から更に枝道に折れるようだ。車幅ぎりぎりの道を、バスはそろそろと慎重に抜けていく。

全員がやっと目的地に着くと期待していた。

この先にはキラキラと輝く真新しい大型観光バスが駐まっているはずだ。

「おい、何だよこれ」

そのとき素っ頓狂な声を上げたのは運転手だった。その声に乗客は視線を前方に向けた。

目の前に現れたのは真っ赤に錆びついたまま放置された何台もの廃バスだった。

「この向こうに駐車場があるんじゃないの？」

期待していた乗客はそう言って騒ぎ始めたが、周囲は見渡す限りの月桃の畑である。先ほど皆が見たのは、この赤茶けた廃バス達が呼んだのだと考えるしかなかった。

結局は乗っているバスはその場でUターンすることもできず、乗客の一人が降りて誘導して、バックでその枝道を抜ける羽目になった。

黒い額縁

とある私鉄の駅からほど近い通りでの話。

駅に向かって延びるガード下の道に突き当たる形で、道の生えた丁字路がある。その角には狭い墓地があり、もう片方の角にはコンビニとコインパーキングがある。コンビニとコインパーキングの間には、街灯が立っている。

ある日、窪田さんが駅に向かうときに、その街灯の下に板状のものを抱えた、小太りで小汚い作業着姿の中年男性が立っているのを見かけた。

あれ。叔父さん？

子供の頃によく訪れた従兄弟の家の叔父の姿にそっくりだ。その叔父が街灯の下に立っている。よく見ると、胸の前に抱えているのは黒い額縁だ。

遠巻きに見ると、額縁にはバストアップのポートレイト写真が入っている。

黒い額縁というのが気になる。あれは仏壇の上に置いてある遺影なのではないか。

叔父は何故あんなものを抱えているのだろう。

だが、叔父の家は実家の近くにある。冷静に考えれば、こんなところに叔父がいる訳はないのだ。しかし、他人の空似にしても似すぎている。目立つ黒子の位置まで一緒だ。他人だとしても、何故あんなものを抱えて、街灯の下に立っているのか。

気持ちが悪い。

何処から見ても叔父本人なのだが、確認のために声を掛けて、もしも別人だったら恥ずかしい。そう判断した窪田さんは、買い物帰りにまだ立っていたら、もう少し近付いて、本当に叔父かどうかを確認して帰ろうと思った。

買い物を終えて戻ったのは三時間ほど経った頃だった。陽も暮れていた。

まだ立っているかなと思いながら通りがかったが、流石に姿はなかった。

窪田さんは少しほっとして、黒い額縁なんて気持ちよいものじゃないよなと、反芻《はんすう》しながら帰宅した。

その日以来、その道を通るたびに、その叔父に似た男性を見かけるようになった。

気になったので両親に電話して、叔父がこちらに来ているかと訊ねた。

だが、叔父も歳で足の調子が悪く、病院通いをしているという解答だった。

つまり他人の空似と確定した。窪田さんは安堵した。

何度も見かけているうちに理解したことが一つあった。

彼の抱えている黒い額縁の中身は毎日違う人の写真なのだ。

彼が何故そんなことになっているのかは、まるで分からない。

ある日、窪田さんのアパートに友達が来るときに、そのコンビニに寄った。

「そこにさ、黒い額縁を持ったおっさんがいるじゃない？　うちの叔父にそっくりでさ」

窪田さんがそう説明すると、友人は首を傾げた。

「そんな人いたっけ」

友人には、叔父の姿は見えていなかった。


どうやら自分にしか見えていないらしい。

ならば、あれは叔父なのではないか。

窪田さんはそう考えている。

だが、優しく人当たりも良い叔父が、どうしてこんな責め苦のようなことを受けねばならないのか、彼には全く心当たりもないし、だからといって誰に訊ねることもできないのが苦しいのだという。

男性は今日も黒い額縁に入った、誰か赤の他人の写真を抱えて、街灯の下に立ち尽くしている。

岩盤浴

「芸能人にも小さいおじさん目撃談は結構ありますよね」

福井県に住む薫さんは、そう言って彼の部屋に現れたものについて教えてくれた。

彼の部屋のテーブルの上に、ティッシュの箱が置かれているという。その箱の端に、パンツ一枚の姿でバーコード頭をした、小さいおじさんがいた。背の高さは文庫本と同じくらいのサイズだという。

「それと目が合った途端に、ティッシュ箱の裏側に身を隠しちゃったんで、咄嗟《とっさ》にティッシュ箱を持ち上げたんですが、消えてしまいました」

典型的な小さいおじさん目撃譚だ。すると彼はこちらの気持ちを読んだのか、こう続けた。

「実は今日、美容室で今の話を若いスタッフの男の子にしたら、面白い話をしてくれたんですよ」

福井市の量販店で買い物中での話だという。

須藤君とその彼女で深夜に買い物に出かけた。店舗を一通り見て回り、さて会計に並ぼうかと思ったところに甘い香りが漂ってきた。

レジ近くで、透明なアクリルケースに焼き芋が並べて売られている。

芋の入った紙袋の下には白い砂利が敷き詰められている。

小腹も減ったし焼き芋を食べようかという話になり、一つの紙袋に手を伸ばした。すると、スマートフォンより少し背の低い程度のサイズ感の小さいおじさんが、黒いパンツ一枚身につけただけの姿で、石の上に寝そべっていた。

「おじさん！」

彼女が声を上げた途端に、その小さいおじさんは慌てた様子で起き上がって、機械の裏側に回り込んで見えなくなってしまったと話してくれたという。

「それでですね、焼き芋でしょ？　石焼き芋ってくらいだから、石の上は熱いとちゃうの？と訊いたんですよ。そしたら、岩盤浴でもしてたんですかね？　って真顔で答えてくれたんですよ」

薫さんは楽しそうにそんな話を教えてくれた。

胸毛

「小さいおじさんとか聞くけど、俺が見たのは誰も信じないんだよ」

怪談を集めていると、小さいおじさんの話はよく耳にする。だが、ほとんどはただ見たというだけの話である。しかし、誰も信じないというのはどういうことだろうか。

そこで彼にどのようなものを目撃したのかを確認してみることにした。

「うちの会社で、時々残業して泊まり込みになる奴が出るんだよ。そいつらが時々、小さいおじさんが出るのだと言うから、俺も興味を持ってしまってね。用事もないのに泊まり込んでみたんだよ」

夜中、仕事をしていると、突然Ｑｕｅｅｎの曲が大音量で流れ始めた。

誰かのＰＣか何かが音を立てているのかと、キョロキョロしていると、課長の机の上で、何かが動いた。

慌てて確認に行くと、小さいフレディ・マーキュリーが三人並んで歌っていた。

彼は最後に、三人とも実物よりも胸毛が濃かったと教えてくれた。

セーフティーネット

手嶋さんが小学校二年生の冬の話だという。

当時彼は、十一階建てのマンションの最上階に住んでいた。

ある日、両親が出かけたタイミングで、二つ上のお姉さんと喧嘩になった。

諍《いさか》いの元は些細なことだったが、腹を立てた姉に、ベランダに追い出されてしまった。

窓の鍵も閉められた手嶋さんは、自棄になってベランダから飛び降りようとした。

しかし、柵を乗り越えて外側にぶら下がった途端に、あまりの高さに恐怖を感じた。

必死にベランダの柵にしがみついて耐えていたが、冬の寒風に冷やされた金属の柵は容赦なく体温を奪っていく。

指はすぐに痺れて、感覚がなくなった。よじ登ろうとしても力が入らない。

落ちちゃう。

その直後、柵から指先が離れる感覚が伝わった。続いて何も支えるものがない空中へと放り出される感覚。

――落ちたら地面にぶつかって死んじゃう！

そのときに、何か温かい気配を感じた。

間違いない。先日相次いで亡くなった、祖父と祖母の気配だった。

「お前はまだこっちに来ちゃいかんよ」

「お姉ちゃんと仲良くするんだよ」

二人にそう声を掛けられた。気がつくとベランダの中に放り出された。

あまりのことにベランダで声を上げて泣いていると、姉が窓の鍵を開けてくれた。

彼女は一部始終を見ており、確かにベランダから落ちたはずの弟が、再度現れたのだと説明した。

これは両親に心配を掛けるからと、姉弟二人で秘密にした出来事なのだという。

よくあること

「先輩、先輩！　聞いてください！　凄いの見ちゃいました」

事務所へ戻るなり、鞄も置かず生田さんは叫んだ。


生田さん達は葬儀社に勤めている。

通夜や葬儀が業務のメインであることに変わりはないのだが、御遺族によってはその後の法事まで担当させてもらえることもあるのだという。

生田さんはその日、とある仏様の新盆供養のお世話に出かけていた。入社間もない生田さんにとって、受電から仮通夜、通夜、告別式、初七日と通しで対応した初めてのお客様であり、誠実な対応を買われてお盆の法事も、と依頼されたのである。

僧侶を招いて法要を執り行い、遺族親族の精進落としも無事にお開きとなり、後はごく近しい遺族だけで迎え火を焚こうという運びになった。

先ほどまで喪服の人々を灼《や》いていた太陽が、赤く西へ傾いている。じりじりと煩《うるさ》かったセミもひと息ついて大人しくなってきた頃合いである。

銘々に上着を脱ぎ、ネクタイを緩めていく。革靴も脱いでツッカケを履いた息子さんが、物置から素焼きの焙烙《ほうろく》皿を出して門柱の脇に置いた。そこに奥さんがやってきて、おがら——皮を剥いだ麻の茎——を井桁に組んでいく。

生田さんは粗方の片付けを終えて、後は御挨拶をして引き上げるばかりである。手持ち無沙汰に、やや離れたところからその様子をぼんやりと眺めていた。

遅れて出てきたお嬢さんが、組まれたおがらにライターで火を点けた。

爪の先ほどだった炎が、徐々に大きくなっていく。ゆらりゆらりと火が揺れて、冥府へ旅立ったお父さんを現世へ呼び戻す。涼やかな風が一吹き、汗を掻いた家族を撫でた。

火は御霊を迎える手の大きさを増し、煙が立ち上がる。

その煙はするすると一筋に纏《まと》まったかと思うと、すうっ、と矛先を家へ向けた。

風は止んでいる。いや、風が吹いていたのなら煙は雲散霧消してしまうだろう。けれども、あたかも煙自身が意志を持っているかのように、玄関へ向かっていく。家族が、そして生田さんも、思わずその跡を付ける。

目線ほどの高さを龍の如く飛ぶ煙は門柱の脇から飛び石の上をするすると伝い、傘立ての横を通って、こぶし一つ分ほど開けてあった引き戸の隙間から玄関に入っていく。

がらがらと慌てて戸を開けてみれば、沓《くつ》脱ぎ石から敷居を越えて廊下に入り、突き当たりに行き着くや、何の迷いもなく右手に折れて部屋へと入っていった。

〈あそこは仏間だ〉

通ううちに家の間取りまで熟知した生田さんは知っていた。

家族が、生田さんがどたばたと仏間へ追いつく。

皆の目の前で、煙はしゅるると仏壇の中へ入っていった。

「こんなことって本当にあるんですね！　御遺族は『お父さんちゃんと帰ってきたのね』なんて泣いてるし、俺も思わずもらい泣きしちゃいました」

思わず熱く語ってしまった生田さんに、育成指導の先輩が冷静な口調で言った。

――まあ、よくある話だな。この商売やってるとな、もっと凄いものが見られるぜ。

弘江ばあちゃん

ぎゃあああああっ！
二階を震源地とする、悲鳴とも泣き声とも付かぬ叫びが家を震わせた。
階上には九歳の甥っ子と、七歳の姪っ子を寝かせてあるのだ。
家人は忙殺されている。すわ一大事、と里村さんは喪服のまま階段を駆け上がる。
すぱん、と襖を開けて飛び込むと。
並べて敷かれた布団の上で抱き合う、パジャマ姿の二人があった。
「弘江ばあちゃんが、弘江ばあちゃんが」
えぐえぐと、咽《むせ》びながらに繰り返す。涙と鼻水で顔はべとべとである。
弘江ばあちゃんとは里村さんの祖母である。この子達から見れば、曽祖母に当たる。
〈ははぁん、なるほどな〉里村さんには思い当たる節があった。
けれども、それにしては。
何故この子達は、天井に近い、あんな高いところを指差しているのだろうか。
「弘江ばあちゃんが、あの羽の下から覗いてたんだよっ！」

もう耐えきれないとばかりに、甥っ子が枕に顔をうずめて言った。

子供達を寝かせていた和室と、次の間を仕切る欄間を里村さんは見上げた。

この家は祖父が建てた。縁起物や、威勢の良いものが好きな人だった。その趣味は家にも反映されて、欄間には大きな鷹《たか》が翼を広げる様が透かし彫りにされていた。

その翼の隙間から、弘江ばあちゃんがじいっとこちらを見下ろしていたと言うのだ。

もちろん、弘江ばあちゃんの身長は二メートルもない。

そもそも、もはやこの世の人ですらない。

今日は、弘江ばあちゃんの告別式の日なのだ。

仮通夜、通夜と行事が続き、見知らぬ親戚に囲まれて精神的にも疲れていたのだろう。

朝からお腹が痛いと泣くから、子供達は寝かせておいたのだ。

「あんた達が心配で、様子さ見に来たのさね。さ、お薬飲んで見送りに行こう」

子供達の背中をそっと押しつつ、件の欄間を振り返って里村さんは心から念じた。

――弘江ばあちゃん、好きだったけど頼むからもう出てこないでくれな。欄間から覗くなんて化けもんのすることだ。マジで怖えから、もう出てこないでくれな。

以来、弘江ばあちゃんは出ない。里村さんの前にだけは。

蔵の中

永瀬さんが小学五年生のときの話だという。

当時中学三年生の姉が、友達を家に連れて来て遊んでいた。丁度母親は家を留守にしており、家には子供だけしかいなかった。

彼の家の敷地には蔵があり、普段は入っちゃいけないと親から言われていた。だが、そのときは友達に見せたかったのか、母親のいない隙に、姉が鍵を持ち出して、こっそり入り込んで探検だと言って遊び始めた。

永瀬さんはその光景を冷ややかに眺めていた。後で母親に言いつけてやろうとも考えていた。だが、そのとき、蔵から姉と友達の叫び声が聞こえてきた。

一体何が起きたのかと、永瀬さんは蔵へと走った。

蔵の前で、姉とその友達が青い顔をしていた。

「今の声、何?」

そう訊ねると、二人はバツの悪そうな顔をした。

「お母さんには言わないから大丈夫だよ」

そう言うと、二人は蔵の中に女の人がいたのだと話し始めた。

「長い髪の人が二階から階段を下りてきたんだよね。腰よりも長い髪で薄青い和服を着てて、黙ったままだったけど鍵も掛かっていたし。鏡とかを見間違えたなら髪はショートのはずだし、あれって誰なんだろう」

姉の友達はそれを聞いて、驚いたようだった。何度も大丈夫なのと繰り返し、早々に帰ってしまった。

後年、蔵の女性について母に訊ねると、何で知っているのかと訝しげな表情を見せた後で、あれは自分の祖母の妹だと教えてくれた。永瀬さんからすると、曽祖母の妹、大叔母に当たる。

一方で母親も、何故その人が蔵に出るのかは、教えてもらっていないとのことだった。

「まぁ、昔のことだから何かあったんだと思うんだよね。でも分からないから放ってあるの。色々な意味で危ないから、菩提寺の住職が一緒じゃないと、あたしもお父さんも入らないようにしてるのに——」

永瀬さんの姉はその後、何年も前のことについて、両親にこっぴどく叱られたらしい。

いっしょにあそぼ

ひぃっ、ひぃっ、ひぃっ、ひぃっ。呼吸が荒くなる。全身から力が抜ける。
私はそのまま体育館の床に倒れ込む。手足が急激に冷えていく。
遠のきそうになる意識の中で、私の目は部活の顧問をとらえ続けている。
「おい上木、大丈夫か。救急車呼ぶからな、大丈夫だ、気をしっかり持てよ」
これは過呼吸なのだ。死にはしない。頭では分かっている。苦しいけれど、大丈夫だ。
けれどこうなった原因は――先生、先生こそ、大丈夫なんですか？
首、痛いですよね。息、苦しいですよね。先刻からほら、手で押さえるほどですもの。
先生、何、憑けてるんです。その、黒い影。肩から首にまとわりつくような。
首、絞められて。小さくて、赤くて、モミジのような手で。ああ、血管が浮く。
えっ、ちょっと、何、やめて。ちゃんと顔、あるんだ。うわ、こっち向いた。
三歳ぐらい。男の子。側頭部をくりくりに刈り上げて、タラちゃんみたいに。
「お姉ちゃんも、一緒にやらん？」
口を歪めて。悪意に満ち満ちた、笑顔。ひぃっ。私の意識が、遠のいていく。

招かざる

「聖子先輩、お久しぶりです。和嶋です。和嶋智美です」

電話口から聞こえた懐かしい声に、聖子さんの顔が綻んだ。

二人は、かつて同じ店の同じ部門を担当した仲間なのである。

神奈川県のターミナル駅からほど近い、商業施設に入居している楽器店。

ビルのワンフロアを丸ごと使った、当時としては画期的な大型店舗であった。

聖子さんはエスカレータ手前のエリア、社内で「クラシック」と呼ばれる管楽器やピアノ、ヴァイオリンを扱う部門の責任者を務めていた。

その聖子さんのもとへ新卒で配属されてきたのが里美さんであった。

「その後どう？　上手く回せてる？」

聖子さんは先だって、智美さんを後任に指名してよその店舗へ異動していたのだ。

楽器店のフロア責任者は、計算に長《た》けているだけではダメ。一方で、ただ楽器が好きなだけでも務まらない。お客さんの腕前や予算を前提に、ブランドごとの音色や製法の特徴も踏まえて最適な商品を薦めて、納得して買ってもらわないといけない。

当初智美さんが希望していた「バンド」――ギターやドラムを扱う部門――ほどは華がないかもしれないが、彼女なら分かってくれるはずと熱心に教育を施した。

「おかげさまで上手くやってますよ」

智美さんは明るい声ではっきりと答えた。社内会議でも、活躍ぶりは伝わっていた。

「でも――」

声が詰まった。ああ、あれはまだ続いているのだ、と聖子さんは理解した。


思い返せば、それに気がついたのはオープン後間もない頃であった。

遅番に入ってレジの締め処理を行ったり、営業日報を書いたりしていると、店内を誰かが動く気配がした。

お疲れ様です、と反射的に声を掛けて気付く。時計は二十二時近くを指している。

閉店から一時間は経過していて、客どころか店員すらもはや残っていなかった。

初めは気のせいだと思った。オープニングスタッフで、しかも部門責任者を任されるのは初めてのことであった。慣れない仕事に疲れた脳と目が、幻を見せるのだと。

ところが、それは繰り返し繰り返し現れた。

毎日出現する訳ではないが、時間は決まって閉店後である。

会計処理中に、商品整理中に。ふと気がつくと、視界の端で何かがうごめいている。はっきりと何かが見える訳ではない。色も形も分からない。

けれども、どうやらヴァイオリンの棚辺りによく現れることは分かってきた。

あの日。聖子さんはヴァイオリンの楽譜を陳列していた。出版社から届いたばかりの箱を開けて、せっせとマガジンラックへ入れていく。

白い太めの針金を編んでできたその棚に、セブシックの教本を差し込もうとしたとき。え、今誰がいたの。聖子さんは我が目を疑った。

足だと言うにはあまりにおぼろな、しかし白い二本の棒のようなものが、ラックの奥に見えたのだ。そして、呆気に取られる聖子さんを尻目に駆けていく足音も。

閉店後、「招かざる客」のことを智美さんに相談したのはこの直後であった。

「聖子先輩も気付いてたんですか」

安堵したように、智美さんは言った。おかしな子だと思われたくないがために、物音に気付いていても黙っていたのだと。

二人で、店長にも相談してみた。けれども、そんなことがあるはずがない、シフトに入りたくないから嘘をついているのだろうと言われる始末である。

信じてくれない人をいつまでも相手にしても仕方がない。レジを締めるや「バンド」へ足を運び、そこで日報を書いた。向こうの責任者は笑ったが、気にしていられない。
そうしている間にも、白い影がうろつくのだ。パタパタと駆ける足音がするのだ。
棚にぶつかるようなカシャン、ガタガタという金属音が、確かに店内に響くのだ。
そうこうしているうちに聖子さんは新店舗の店長就任が決まり、今に至るのである。

——責任者になって、新しい子も入ってきて。初めは忙しくて、気にする暇もなかったんです。でもふと落ち着くと、やっぱり音がするんですよ。

フロアタイルの上を走り回る軽やかな音が。金属製のラックをきしませる音が。そして陳列棚のガラス戸にぶつかる重たい音が。

先輩といた頃って、せいぜい週に三日ぐらいだったでしょう？　今は、毎日出てくるんですよ。しかも、営業時間中もお構いなしなんです。

でも、段々慣れてきたのも事実なんです。確かに薄気味悪いといえばそうなんですけど、物音を立てるだけで特に害がある訳でもないですし。それにいちいち相手をする暇もないし、迂闊《うかつ》なことを言って新人を怖がらせてもいけないから、我慢してたんです。

お客さんと間違って、誰もいないところに声を掛けたことも何回かありますけど。

でも——でも、もうダメです。

あれ、子供なんですよ。男の子なんです。ヴァイオリン棚の近くに白いマガジンラックがあるじゃないですか。楽譜を並べてたら、その向こうに立ったんですよ。

はっきりと見えました。黒光りする革靴に、膝まで届くような白いソックスを穿いて。色白で、多分いいとこの子なんです。ヴァイオリンコーナーに来るぐらいですし。私怖くて、顔を上げられませんでした。だってまともに見ちゃったら、きっと正気ではいられませんもん。新人が声を掛けてくれるまで、暫くずっと俯いてました。物音だけだったら、気のせいかもしれない、とも思えたんです。でも見ちゃったから、もうダメです。耐えられません。こんなこと、聖子先輩にしか言えなくて。すみません。

ほどなくして、智美さんは本当に退職してしまった。聖子さんも転職したので、その後どうなったのかを知る由はない。

件の楽器店は、今も当地で営業中である。

この子どこの子

こんな遅い時間に、独りで歩くのは嫌なのだ。国領さんは心底うんざりした。

バスなど、もうとうに走っていない。だから同僚に車で送ってもらって、けれどもこの先は道が入り組んでいるから行きたくないのだと言って聞かない。

仕方なしに大きな交差点で降ろしてもらって、後はとぼとぼと歩いて家を目指す。

ととと、と軽やかな音がして、視野の下方に何かが立ち入った。

あれ？　とは思ったが、それを口にするには時間が短すぎた。

三歳か、四歳ぐらいの男の子と、今確かにすれ違ったのである。

かすり模様の入ったちゃんちゃんこを着ていたのは、見た。

青い長靴を履いて、そこにデフォルメされたピンクのゾウが描かれていたのも、見た。

けれども、こんな時間にあの子は何処からやってきて、何処へ向かうというのか。

あの子が通ってきた道は遊園地の裏口に繋がり、その先は自殺の名所として知られる橋が架かるばかりである。一山先まで、人家などありはしない。

仙台市での話である。ちなみに、顔は思い出せそうだったが、思い出すのはやめた。

バイバイさん

普段から怖いものなどないと嘯《うそぶ》いている宇野さんが、二人きりのときに「怖かった体験は実はあるんだよ」と、こっそり打ち明けてくれた話。

彼の若い頃に、隣県にある街に出かける用事があった。

コインパーキングに愛車を預け、約束の駅前に向かう。相手が格上なので、約束の時間より早めに着くように時間を調整していた。

信号待ちをしていると、横断歩道の先に小学校低学年ほどの背格好をした子供が立っていて、バイバイと声を張り上げながら大きく手を振っている。宇野さんは周囲を見回したが、自分以外に信号待ちしている人はいない。つまり、子供は自分に向かって手を振っていることになる。

――俺に向かって？　親は一体何してるんだ？

その瞬間、肩を何者かに鷲《わし》掴みされた。振り解こうとしても身体が動かない。辛うじて動く眼球をキョロキョロと必死に動かし、肩を掴んでいるものの正体を探る。

巨大な掌が肩に乗っているのが分かった。それは真っ赤に灼けているような色をしていた。

声を出そうとしても、口も開かない。

その直後、ぐっと肩に力が掛けられた。

まだ信号も変わっていない交差点に向かって、その掌は自分を押し出そうとしている。

スピードの乗った車が、目の前を通り過ぎる。

必死に抵抗し、両膝を付き、最後には地面に転がった。スーツは泥だらけになったが、命のほうが惜しい。

信号が青に変わった。その瞬間に解放された。

「あいつら多分二人組なんだよ。バイバイしてるほうが囮《おとり》で、後ろから両肩を掴んで、押してくるのが本体でさ」

後ほど聞かされた話では、そこでは赤信号を無理に横断しようとして、死亡する事故が何度も起きていたという。

予言

近藤さんが高校二年生のときの話。

祖母の家に泊まりに行くために彼女は一人で夜道を歩いていた。まっすぐで街灯が少なく、車や人の通りもほとんどない寂しい道だった。

ふと何かの気配を感じて顔を上げると、二つ先の街灯の下に人影が見えた。

普通なら気にしないで祖母宅へ道を折れるのだが、その夜は何故か立ち止まってしまった。

するとその人影は、近藤さんが立ち尽くすのを待っていたかのように歩き始めた。ゆっくりとこちらに向かってくる。近付くにつれ、女性だということが分かった。

その人は、周囲が暗い中を、ゆっくりとした歩調でこちらに近付いてくる。

「赤ちゃん？」

近藤さんの口から声が出た。ぼんやりとした街灯に照らされた女性は、まだ生まれて間もないような赤ん坊を抱いていた。

女は歩調を変えずに着実に近付いてくる。

とうとう女は近藤さんの横に立った。蛇に睨まれた蛙とでも言うのだろうか。身体は動くのに逃げ出すことができない。
女は耳元に口を寄せて囁いた。
「良いでしょう？　でもね。あなたには産めないから」
女はまたゆっくりと歩き出した。
その直後に近藤さんは振り返った。
だが背後には、女など何処にもおらず、ただ闇が広がっているだけだった。

夜恐症

小学三年生にもなって、と人は笑うけれど、燕さんは夜が怖かった。
否、正確に言えば、夜、お母さんと一緒に寝るのが怖かったのだ。
燕さんは今年から、お母さんと二人でアパートで暮らすことになった。
学校から帰ってくると、ちゃぶ台に作り置かれた夕食を取って、先に床に就く。
間を置いて、お母さんが帰宅する。
さっと着替え、並べて敷いた布団へ身を潜らせて、すぐにすうすう寝息を立てる。
寝たふりをした燕さんは、息を呑んで聞き耳を立てている。
ばふ。ああ、今日もまた始まった。耳を塞ぎたくなるが、しかし叶わない。
ばふ。僕はこの音の正体を知っているのだ。見たことが、あるのだ。
ばふ。僕の隣に横たわるお母さんの、その足元に。
ばふ。真っ黒い女の人が、俯きがちに正座して。
ばふ。お母さんの右足を叩いているのだ。
ばふ。朝までずっと。毎日、毎日。

お母さんが糖尿病で右足を切断したのは、燕さんが中学校へ上がった年のことである。

ミサンガ

森下さんの兄には、道端に落ちているものを持って帰ってくるという悪癖がある。

そんな兄が沖縄に旅行に行き、数日後に帰宅したその夜から、毎晩金縛りに遭うようになった。

本人も身体を動かせなくて辛いのは分かるが、周囲も迷惑を被った。とにかく金縛り中に唸《うな》り声を上げる。それが殊《こと》の外《ほか》大声で、隣室まで響くほどなのだ。

兄の唸り声で起きた両親と姉が、心配して彼の部屋に入ると、兄の上に黒い人影が乗っているのを目撃している。

何か原因となることはないのだろうかと兄を観察すると、旅行前には着けていなかったミサンガを足首に巻いている。

あれが原因なんじゃないかと家族の間で話していたが、兄は金縛りに遭うことを気にしていないようだった。

だがその夜以降も、金縛りは毎晩続き、兄の体調も悪くなる一方で、これは一度病院に診てもらわなくてはいけないだろうという話も出るほどだった。

　しかし、その話が出た翌日に兄が帰宅して、森下さんに言った。

「ミサンガに寿命がきて切れたみたい。家に落ちてなかった？」

　誰も見ておらず、心当たりもない。どうやら外出中に、いつの間にか落としてなくしてきたらしい。

　別段兄は気にしていないようだった。

　だがその夜から、金縛りがぴたりと収まり、両親や姉の寝不足も解消された。

　家族は金縛りの原因はあのミサンガにあったのだろうと確信して、あれは何なのかと兄に詰め寄った。

　本人の言によれば、あのミサンガは、道端に落ちていたのを拾ったもので、特に由来がある訳ではないとのことだった。

　後先考えずに何でも拾うんじゃないと、こっぴどく叱られたが、今でも道端で何かを拾ってくる癖は治っていない。

サックス

薫さんがまだ二十代前半の頃だった。当時、パチンコの常連同士で仲良くなった女性がいた。彼女の職業はソープ嬢だったという。

ある日、私の家に来る？　と彼女が言うので行ってみることにした。

辿り着いたのは、もう解体していてもおかしくはないような古い団地だった。

その一階の部屋が彼女の部屋だという。駐車場だって適当に駐めておいていいような草っ原があるばかり。

あそこだからと一棟を指差す彼女に付いていくと、何処からか聞き覚えのある曲が流れてきた。ジャズだ。サックスの流暢《りゅうちょう》な音色が印象的だ。

「何処の部屋からかね。ラジオかな？　それとも誰か吹いてる？」

「ここ、住んでるのは一階は私だけで、上の階にはお婆ちゃん一人だけだよ」

陽も影って薄暗い夕方の、古い団地の片隅に響くサックスの音。

今思えばそれは泣けてくるようなメロディだったという。

暫く黙っていた彼女は続けた。

「あれね。お父さんが吹いてるの」

「凄い！　上手いじゃん！　プロみたい！」

「プロ？」

そこで彼女はふふふっと笑った。

「ううん……お父さんはね、もう死んじゃっていないんだよ。サックスだけ聞こえてくるの。それも夕方のこの時間にだけね。聞こえるんだったら、あなたにも霊感みたいなものがあるんだね」

けれども、曲自体が普通に聞こえるのもあって、彼女が揶揄っているものだとしか考えられなかった。

「あたしの部屋はここよ」

彼女に案内されるままに小さな階段を数段上がると、すぐ脇の錆びた鉄扉をガチャンと開けて通された。

サックスの音色はその間ずっと聞こえたままだった。不思議なのは、外から部屋に向かっているとき、部屋に案内されたときと、ずっとその音量が変わらないことだった。

誰かが吹いているならば、移動すれば音量は変わる。それがない。

ああ、やっぱり彼女が言う通りなのかもしれない。

通された部屋で、身の上話を聞かされた。

お父さんが病気で一年ほど前に亡くなったこと。プロのサックス奏者だったのは本当で、沖縄から各地を転々として、二人で北陸へ流れついた。ただ、お父さんには借金が相当額あって、今は彼女が返済中で、それももうすぐ終わるということ。

ポツポツと語られる彼女の話を聞いているうちに、サックスの音色はもう止んでいた。

以後、薫さんが彼女の団地を訪れることはなかったが、暫くして、彼女が沖縄に帰ったという話を耳にしたという。

ポチッとな

迫る納期に頭を抱えながら、会社に残って仕事をしていたときのこと。

キーボードを叩きながら、液晶画面に汚れが付いているのに気付いた。

小指の先くらいの汚れが、妙に立体的に浮き上がって見える。

見様によっては丸い疣《いぼ》のようにも見えるそれを、どうにも気になってつい押してみた。

その途端、それは大きく丸くせり上がり、はち切れんばかりにぷるんと液晶画面から飛び出してきた。

——んふふっ。

艶《なま》めかしい吐息が耳を舐め、笑い声が耳の横をすり抜ける。同時に背後のドアがバタン、と勢いよく開いた。

肝を潰して逃げ帰った。よくぞ書きかけのプログラムの保存を忘れなかったと、自分を褒め称えたいくらいだ。

翌日、出社してすぐ上司に訴えた。

「こ、ここ、お化けいますよ！」

「馬鹿野郎、おっぱい如きにビビるんじゃねぇ！　掴み返すくらいの気概を持たんか！」

即座に一喝された。がしっと何かを掴む動作をして、両手の指先をわきわきと動かしてみせる。

おっぱいなんて一言も言ってないのに。てか、アレを掴んだんかいアンタ。

匙投げ

心霊スポットを訪れる時間は、午前一時から二時半の間に限る。それよりも早いと終電で帰宅する人々と鉢合わせするし、それよりも遅いと、早朝の犬の散歩に出くわすことも少なくないからだ。

藤沢君も、数年前まではそんな時間に合わせて心霊スポット巡りに精を出していた。一人きりのときも、気の合う友人と出向くときもあった。別段廃墟に侵入するといったことはせず、橋やトンネル、公園、神社等を訪れるに留めるという、ある種〈行儀のいい〉愛好家だった。不法侵入で経歴に汚点を残すのは嫌だったし、古い廃墟のアスベストも怖い。

そんな彼も、今はスポット巡りを卒業している。理由は、少し前から同じ男性と何度も会うようになったことと、今の彼女から止められているからだという。

その吊り橋を訪れたのは、晩秋のことだった。

時刻は深夜二時。駅から大分距離があるので、他に通行人も見当たらない。

今回同伴しているのは彩子さんという後輩の女の子だった。彼女も怖いもの趣味で、声を掛ければ、特に用事がない限り大体付き合ってくれる。

「車はここに置いて、橋を対岸まで渡って、それからもう一度戻ってくる。いいね」

頷き合って二人で車を降りた。この吊り橋は自殺の名所で、歩いていると欄干に引き寄せられ、運が悪いと転落させられる——そんな話をしながら片手に握ったスマートフォンで動画を撮りながら歩いていく。うっすらと霧が出ていて、雰囲気もバッチリだ。

思い返せば先週もこの橋で、件の男性に出会っている。その前の週は別のトンネルで見かけた。その前はとある駅前の公園だ。同じ服装で、同じ帽子を被り、同じバックパックを背負っている。同一人物だ。これだけ訪れる場所が被ると、偶然でも気持ちが悪い。

「あ、誰かいますね」

彩子さんが指差した。やはりまたあの男性だ。彼は酔っ払っているかのようにふらふらと橋を渡っていた。心霊スポットで、こんなに何度も同じ人物に会いたくない。

「離れよう」

せっかく訪れたスポットだが、あの男と鉢合わせはしたくない。きっと最初に同好の士と思って声を掛けたのがいけないのだ。

「——何処かで落としたのを拾わないといけないんですよ。でも盗んでもいいし、奪っても良いとは思うんです」

そんなことを言っていたのを思い出す。その言葉自体も気持ちが悪い。

帰りの車内で、彩子さんに事情を説明すると、気持ち悪いと繰り返した後で、彼女は占い師に見てもらうのはどうでしょうと勧めた。


後日、二人で彩子さんの知り合いという占い師と名乗る女性に会った。見たところ四十代の女性で、やたらと露出度の高い服を着ていた。

彼女は、藤沢君と彩子さんのことを交互に見て、眉間に皺を寄せた。

暫く黙った後で、彼女は諦めたように告げた。

「あんたら真っ黒で何にも分かんないや。あたしでダメなら、多分神社とか行っても無理じゃないかなぁ」

匙を投げられたと言ってもいい対応だ。

「あのねぇ。これから変なこと言うけど、マジでこれが一番お勧めだから」

彼女はそう前置きして続けた。

「あんたら二人、別に嫌じゃないなら、これからホテル行ってエッチしちゃうといいよ。一日中やってれば、その後ろの生き霊みたいな男、逃げてくからさ」

今は真っ黒だったのは解消されているとのことである。

夜伽話

——おう、お姉ちゃん、いいカラダしてるじゃない、グフフフ。

「下卑《げび》た」という言葉があまりにもお似合いのダミ声であった。

関東地方の場末の街の盛り場の、小便とドブの臭い漂う路地裏でのことである。

——ゲヘヘヘ、じゃあさ、二人でちょっと楽しもうよお。

酒とゲロで襟元を汚した酔っ払いが、街娼の相手でもしているのかと思ったのだ。

それにしては。

仕込み途中のバッカンにたかったゴキブリを蹴散らしながら翔太さんは首を傾げた。

「マッサジ、ドウ」「イチジカン、イチマンエン」というお決まりのカタコトが聞こえてこない。日本人の街娼もいないこともないが、彼女達は出会い系サイトで客を取る。故に待ち合わせ客と出会うや、ものも言わずにホテル街へと消えていくはずである。

——おいおい、こんなところでさ、もうちょっと我慢してくれよ、ウヘヘヘ。

このオッサンは一体どんなのを相手にしているのだろうか。

顔を上げた翔太さんの手から化学調味料の缶がからんと落ちて、白い粉が飛び散った。

ヨレたスーツに赤黒い顔、薄い頭に足取りも覚束《おぼつか》ない男が一人、電柱にスタンド看板にゴミ箱に、身体をぶつけながら歩いている。その手は、傍らに立つケバい化粧にチープな装いの女の腰に——ではなく、中空にあった。

そこに丸みを帯びた腰があるかの如く撫で回し、そこにたわわな乳があるかの如く揉みしだく体で、何もない空間を引っかき回している。

いや、それはアルコールでふやけきった脳が幻覚を見せているのだよ、とあなたは思うかもしれない。筆者もそう思ったし、翔太さんも思った。

けれども、翔太さんは見てしまったのだ。

隣に寄り添う誰かの肩に乗るかのように、彼のしわくちゃのネクタイが真横に伸び、虚空の何かに引っかかって宙にぷらんと浮かんでいるのを。

ネクタイの先端に向かって話しかけるように、下卑た独り笑いが路地に響く。

久しぶりだから、頑張っちゃおうかな、朝まで一緒だよ、グフフフ、ゲヘヘヘ。

やがて背中はネオンサインのちらつく角を曲がり、ホテル街へと消えていった。

老婦人にモテる話

北口の飲み屋で、稲生さんに会った。この日は御朋友と酌み交わしていたところだった。

御朋友は昔、高幡不動にお住まいだったそうなのだが、その折にモテていたらしい。

「三十年くらい前ですかね。友人が住んでる借家でね」

借家と言っても長屋風の風呂なしのオンボロ物件だった。当時は大した荷物もなく転がり込んでいた身の上だったので、寝られる場所があればそれだけで十分だった。

この借家の周囲では、時折散歩をしている人々を見かけた。

彼ら、彼女らはいつもその界隈を歩き回っていたが、そのうち御朋友の記憶に特に残っているのは、犬を連れた老婦人であった。老婦人は愛犬のリードを引きながらよく近くを通りがかっていたのだが、段々と距離を詰めてきた。

気付くと、御朋友が寝息を立てている部屋の中に上がり込んでいた。

もちろん、犬を連れて、である。

最初のうちはまじまじと見つめてくるだけだったが、そのうち間近に近付いてくるようになった。眠っていると顔を触られて目が覚める。意識が戻ると、そこに老婦人の顔があるのだ。御朋友は気付かないふりをした。

何が気に入ったのか、老婦人は更に御朋友との距離を詰めてきた。

ふと気付くと、夏掛けをかぶった自分の股間がもぞもぞと動いている。

近くに老婦人の愛犬がいるので、まあ、そういうことだろう。

老婦人のアプローチはこの頃には大分遠慮というものがなくなっていて、最終的には御朋友の股間に顔をうずめて、〈口でもごもご〉されたのだ、という。

いやそれ、何処かのタイミングで止めなかったんですか、と問うと。

「こいつ何処までやるのかな、って拒みきれなくなって。まあ、その借家の隣は墓地だったから、その手の類だろうなあとは思ってたんですが」

グラスを空けた稲生さんが、御朋友に訊ねた。

「それで、その幽霊の具合はどうだったの？」

「入れ歯が入ってないらしくて、歯が当たらないから気持ちよかったよ」

フランス人形が置かれている

フランス人形が置かれている。

小さな顔にすらりと伸びた肢体、深紅のドレスは芍薬《しゃくやく》の花が如く裾が広がって、無数に刻まれたドレープは細やかな文様のレースで彩られている。

フランス人形が置かれている。

コンクリート製の路肩ブロックの上に。○○山を貫く、と言っても息を止めて走っても向こう側へ辿り着きそうな、短いトンネルの真ん中の。

フランス人形が置かれている。

いつの頃からか知らないが、物心付いたときにはあった気がする。

滲み出した地下水と排気ガスを浴びて、顔は煤け、服には染みが浮かんで。


時折、この人形が姿を消す。

人形がひとりでに歩く訳はないから、野良猫辺りが持ち去ったのか、或いはゴミとして清掃局に片付けられたのか、それは知る由もない。

けれども。人形が姿を消すと、このトンネルを徒歩で、自転車で通う老いも若きもが、皆その顔を曇らせる。住宅街の片隅に、暗い顔の井戸端会議が開かれる。

いつかは、歩道に乗り上げたダンプカーとトンネルの内壁に挟まれて人死にが出た。

いつかは、トンネル内でスピンした車が他の車と衝突して鉄の塊と化した。

運よく命が助かったものも含めれば、もう何回事故が起きているだろうか。

またあるときは、通り魔が出た。犠牲者が出て、犯人は捕まらなかった。

もとより、人形との因果関係は定かでない。証明のしようなどない。

それでも、暫く経つとまた、似たようなフランス人形が置かれている。

誰が置いているのか、誰も知らない。ある日突然、置かれている。

フランス人形が、置かれている。

すねこすり

中学校の運動会の練習中のことだという。

彩美さんの足をするりと何かがすり抜けていった。まるで猫が足の横を通り抜けざまに身体を擦っていったような感触だ。

「え、今の何？」

隣の優子が声を上げる。その向こうの由香も、美代子も、真智も、次々と声を上げた。

「うぉ！　今の何？　猫？」

今度は男子がざわつき始めた。

結局、三十人以上集まっている全員が、見えない獣に脛を撫でられていた。

毛の感触は柔らかく、しなやかで、猫のそれによく似ていたが、猫の姿は誰も見ていないし、真昼間の授業中に、好んで学校のグラウンドに入ってくる猫がいるとも思えない。

当時のクラスメイトの間では、ちょっと不思議な思い出話として、今でも話題に上がるという。

鳥好き

いつも鶏を侍《はべ》らせている知人がいる。

頭や肩に常時数羽、留まっている。ペット、なのだろうか。いや、それでも普通は連れて歩かんだろう鶏は。

まあ、それも好き好きだからなあ、などと思っていたのだが、周囲の反応からどうやら見えているのは自分だけらしい。

どうしても気になって本人に言ってみた。

「ああ、それはきっと私が凄い鳥好きだからかもね」

彼女は満面の笑みで答える。

「だって美味しいんだもの、鶏肉」

あ、そっち？

やませ吹く日に

六月のことであった、と高輪さんは記憶している。

やませが吹き、長袖を着ていても肌寒い割に湿度だけは高い、そんな日であったと。

当時高校生だった高輪さんは、三つ年上のお兄さんと一緒に実家の居間にいた。

それに気がついたきっかけは、ほんの些細なことだったろう、と思っている。

ちゃりちゃりちゃりちゃりちゃり……。

金属がぶつかり合うような軽やかな音が、右から左へ移動した。

二人の目の前には障子があり、その先は濡れ縁を挟んで砂利敷きの庭である。

かっしゃかっしゃかっしゃかっしゃ……。

何かをリズミカルに引っかくような音が、今度は左後方から聞こえてくる。

そちらには玄関があり、犬小屋を挟んで勝手口が設えてある。

決して、音の正体に心当たりがある訳ではない。空耳の類か、そうでなくとも何かかの音だろう、ぐらいに思っていた。

「さっきからちゃりちゃりかしゃかしゃ、何がぐるぐる回ってるんだ?」

携帯ゲーム機から顔を上げて、怪訝な表情でお兄さんが言うまでは。

ちゃりちゃりちゃりちゃり、かっしゃかっしゃかっしゃかっしゃ。

確かにそれは、家の周囲を反時計方向に回り続けているようであった。

彼にも聞こえているのだ。しかも心当たりがないらしい。なら一体何が。気味が悪い。

陽が入らずどんよりと暗い居間が、一段と薄暗くなったような感じがした。

いや、待て。ここはいったん冷静にならねばならぬ。そう思った。

高輪さんの頭の中で、音と経験の照合作業が行われる。

金属が擦れるように聞こえるのは、鎖を引きずっている音ではないか。

何かを引っかくように聞こえるのは、四肢がコンクリートを跳ねる音ではないか。

「また裏のコロが走ってるんだよ、きっと」

導き出された結論を口にしてみる。以前もあったではないか、隣家で飼われている柴犬のコロが、自ら首輪を外してはしゃぎ回っていたことが。

それが証拠にほら、はぁはぁと息遣いのようなものも聞こえるではないか。

正体見たり枯れ尾花とはこのことだ。分かってしまえばどうということはない。

そう思っていたのに。

「いや、コロなら先週死んだって、裏のおばさん言ってたぞ」

何でもないような顔で、お兄さんが言った。よく平然とそんなことを言えたものだ、と高輪さんは思った。人の気も知らないで、と。

「コロが逃げたときを思い出してみろよ。うちのケリーがぎゃんぎゃん吠えてたろ」

確かに、そうだった。今ケリーは何をしているのだろう。鳴き声一つ立てないで。

「それに、幾ら犬が走ってても、家の裏から息遣いまでは聞こえないぜ」

はぁはぁという声はお兄さんにも聞こえていたのだ。しかし、だとしたら。

家の周りを走っているのは、何だというのか。

答えを知る術は簡単である。ちゃりちゃりと音がした瞬間に、目の前にある障子を開け放ってしまえば、一目瞭然なのだから。

ちゃりちゃりちゃりちゃり。ほら、またやって来た。

かっしゃかっしゃかっしゃかっしゃ。ほら、駆けているではないか。

はぁはぁはぁはぁ。家の周りを、ぐるぐると。

けれども、お兄さんも高輪さんも、障子に手を掛けられない。

羽織っていたタオルケットを握る手には力がこもる。

——何かが、家の周りを、走り続けている。

そこにいるのは

高校生の頃だったと記憶している。
休日の夜、両親と街へ出かけた帰り道。
ぷらぷらと駅から歩いて町内に入り、もう少しで家へ帰り着く、そんな辺り。
時刻はもう、二十二時近かったのではないだろうか。
「あれ、何やろか」
不意に立ち止まって、母が口を開いた。
こんな時間に、あんなちっちゃい女の子がおるで。何してるんやろ。
指差すほうを見れば、確かに何かの姿が見える。
四つ角を越えた先の、隣のブロック。電柱四本分ぐらい先であろうか。
月よりも淡い街灯の下で、ちらちらと黒い影が揺れている。けれども。
「え。女の子ではないやろ。犬ちゃう？　犬が走り回ってんで」
私は答えた。
ぼんやりとした電灯に照らされて、犬が跳ねまわっている。

レトリバー犬ぐらいの大きさであろうか。何が楽しいのか、はしゃいでいるようだ。

「あれは犬ちゃうやろ。女の子が……猫と遊んでるんかな？」

母が言うには、幼稚園児ぐらいの小さな女の子が道端に腰かけていて、その周りを猫がくるくる回っているようだ、と。

確かにあの辺りには古いアパートが建っている。一階の一番手前の部屋だけ、この通りに面して玄関ドアが付いていたはずだ。古い木の扉があって、一、二段ほど石段を下りて道路に出る造りであったろう。

だがあのアパートは、もう何年も前から誰も住んでいなかったのではなかろうか。


そんなことを言い合ううちに、件の四つ角までやってきた。

電柱二本分ほど先に見えるアパートの前では、相変わらず犬が駆けている。

蛍光灯のせいもあるだろうが、白い大型犬のように見える。

やはり、女の子な訳がない。そもそも母は、眼鏡が手放せないほどの近視なのだ。

「なぁ」

おもむろに、父が口を開いた。

「さっきから二人、何の話をしてんの？　この先、だーあれもいてへんで」

狐火

　小学校の同級生の亜沙子は、中学に上がると同時にヤンキーになってしまって、それでも香里とは仲が良かった。同じ小学校出身だったというのもあるけれども、そのとき二人とも家庭環境があまり良くないのが共通だったのも一つの理由だろう。

「あのさぁ、変な夢を見るんだ。小学校の滑り台があるじゃない。そこに呼ばれるんだよ。怖くてね。人がいっぱいいてこっちに来いこっちに来いって毎晩言われるんだ」

　そういえば、夜遊びのときも小学校に近寄らなかった。

　頼むから夜中に確認してきてくれないかと、亜沙子に懇願された。友人の少ない彼女には、頼めるのも自分くらいしかいないのだろう。二つ返事でいいよと答えた。

　小学校にはセキュリティも入っておらず、門を乗り越えて入り込めば、肝試しのような気分で件の滑り台にまで辿り着けるだろう。

　早速その夜に家を抜け出して忍び込んだ。時間は彼女が寝ているという午前一時半。

　じっと暗い中で待っていると、二つの青白い炎が何処からともなく現れた。テニスボールぐらいの大きさだ。それが空中をぐるぐると舞っている。

あ、これは狐だ。そう直感した。

炎は不意にぴたりと動きを止めると、滑り台の左右に横並びに止まった。

そこにふわっとした温かく赤い光が、校庭を横切ってやってきた。

これが亜沙子だろう。

この狐火に呼ばれたのか。そういえば彼女は狐憑きに遭ったことがあると言っていた。

だがそれが今回のこれと関係があるのやらないのやら。

えいと声を上げ、持ってきた粗塩を青白い炎に投げつける。

赤い炎には「帰れ馬鹿！」と怒鳴りつけた。

そんなことをしていると炎はいつの間にか消えていた。


翌日亜沙子に頭を小突かれた。

「誰が馬鹿だよ！」

「凄いね、覚えてるんだ」

それ以降、友人は夢に悩まされなくなった。

しかし今でも、そこの小学校では青白い火の玉が目撃されている。

白狐

検見さんの父方の祖父は、小さい頃から不思議な体験を繰り返しているという。

その夜、まだ幼かった祖父は布団で横になっていた。

突然、耳に衣擦《きぬず》れの音とも違う、スッスッという音が届いてきた。眠い目を開いて、暗闇を見通そうとすると、自分の周囲を風が通り抜けた。

何が起きているのだろうかと、首を巡らせて周囲を確認すると、七匹の白狐が二本足で立ち上がり、跳ねるようにして布団の周囲を回っている。そのたびに、畳と狐の足の裏が擦れて、スッスッという音を立てていたのだ。

狐は祖父の周りを何周もする。それをただ眺めている。狐達も何やら楽しげである。

そのとき、敷き布団ごと祖父の身体が宙に浮いた。

驚いたが、これは夢なのだろうと彼は納得した。

すぐに白狐達も宙に浮かび上がり、祖父の周りをくるくると巡った。

白狐と遊ぶ夢はやけに楽しかったが、急に狐達の動きが止まった。それと同時に、祖父の両親が部屋に入ってきた。

驚く両親の表情を確認した直後、布団が落下した。布団ごと畳に当たる衝撃は確かにあったが、布団に沈んだ祖父の身体に痛みはなかった。

祖父は、今起きたことは夢ではなかったのだと理解した。

泣くでもなく、ただキョトンとしている祖父を見て、両親は安心したらしい。

「お前の部屋の襖の隙間から白い光が漏れていたので、慌てて見にきたら、白い狐に囲まれて浮いていたから、暫く見入ってしまった」

そう説明を受けた。

それから後も、白狐達は祖父のもとを訪れて、夜遊びをしてくれたのだそうだ。

お狐さま

「おい孝博、話聞いてくれるか」

都内に住む孝博君は、歳の近い叔父から奇妙な相談を受けた。ここ暫くの間、夜になると、天井に狐が座っているというのだ。

天井に座っているのは二匹の狐で、ぐるりと逆さまの状態で行儀良く並んで座ってこちらを見ている。悪い感じはないが、寝ているときに見つめられるのは尻の据わりが悪い。どうにかならないか、という相談だった。

孝博君には少し霊感があり、そういうものが視えるというのは親戚の間でも知られている。時折失せ物探しを相談されることもある。

叔父に何か心当たりはないかと訊ねると、小さい頃に稲荷神社に行った日の夜に、同じことを経験したことがあるが、最近では引っ越してしまったこともあって、とんと御無沙汰だし、他には稲荷神社に足を運んだ記憶もないという。そもそも神社に行くのは初詣くらいなもので、こちらは都内の大きな神社に行くことにしている。

その稲荷神社が何処にあるかは覚えているかと訊ねると、子供の頃に住んでいた実家からほど近い、小さな稲荷神社だとスマートフォンの地図アプリを広げた。

「ここだここだ」

指し示す先には確かに稲荷神社がある。

「来いってことなんじゃないですか」

「何で今更」

そんなことは神様の都合なので、こちらには分からない。そう言って話を打ち切った。

数日後、叔父から連絡が入った。

「あれ、正解。ありがとうな」

どうやら叔父は稲荷神社に足を運んだらしい。ただ、行ったところで何かが分かった訳でもなく、状況が大きく変わった訳でもないという。

「でもね、夜寝るときは、あちらを向いていてくださいってお願いしたら、その夜からこちらに尻尾を向けてくれるようになったわ」

「え、お狐さまは？」

「相変わらず天井にぶら下がっているけど、よく分からないからそのままにしてる」

それが良いのか悪いのか、孝博君には分からない。ただ叔父の身に特に変わったことは起きていないのだという。

愛撫

友人と二人、ドライブしていたときのこと。

運転をする友人の話に相槌を打ち、窓の外を流れていく民家やビルに目線を戻した瞬間、思わず固まった。

助手席側、三百メートルほど離れた場所に立つ七階建てマンションに虫がいた。建物とほぼ同じ大きさの、巨大なナナフシがしがみついている。

長い脚をじわじわと動かして、外壁を撫で回している。

ゆっくり、ゆっくり。

まるで、恋人を優しく愛撫するかのように。

建物の影になって見えなくなるまで、ナナフシは愛おしそうにマンションの外壁を撫で回していた。

五月、よく晴れた午後だった。

高層馬

手塚さんは、取引先との打ち合わせで、高層ビルの四十階にあるオフィスを訪れる機会があった。

約束の時間に遅れないように案内されたビルに到着し、巨大なエントランスからエレベーターホールに移動する。この時間は人がいないのか、上向きの矢印が表示されたボタンを押すと、すぐにエレベーターのドアが開いた。

「四十、四十っと」

口に出しながらドアの脇にあるボタンに触れた。エレベーターのドアが閉まり、身体に重力が掛かる。高層ビルのエレベーターは、手塚さんのオフィスのある雑居ビルのそれとは、相当の速度差があるようで、あっという間に四十階に到着した。

電子音によるチャイムと同時にドアが開いた。

エレベーターを降りると、殺風景なオフィスの廊下が続いている。そして何か妙な臭いがする。周囲には人はいない。

何の臭いだろうと思いながら、指定された部屋へと廊下を進んでいく。

ある角を曲がった瞬間から、光景が変わった。天井の蛍光灯が消されていて薄暗い。左右の壁は木製の柵になっていて、中に巨大な何かがいる。

本当にここに入っていくんだよな。

不安に思いながら覗いていると、柵の向こうから巨大なものがこちらに歩いてきた。馬だった。


「それは普通の馬でしたか?」

ビルのエントランスまで迎えに来てくれた取引先の男性から、そう訊ねられた。

結局手塚さんは、エレベーターホールまで引き返し、一階からメールを入れて迎えにきてもらったのだ。

自分が見たものを冗談めかして相手に告げると、相手は特に表情を変えずに先ほどの質問をしてきたのだ。

正気を疑われているのかと思った手塚さんだが、正直に告げることにした。

「実は羽が生えていたんですよ」

相手は深く頷き、やけに満足した表情を浮かべた。

商談は大成功だったという。

遠足の後

小学校低学年くらいの記憶である。

この学校の遠足は毎年同じ場所だ。砂州で繋がった島のキャンプ場へ学年ごとに纏まっていく。そこで昼食を取って少しの自由時間。そしてまた帰路に就く。

その遠足の帰り道でのこと。ある海沿いの街を通ったときのことである。

住宅街の家の前に大きな猫がいた。中型犬くらいの大きさはあるだろうか。それが通り沿いに並ぶ全ての家の前に一匹ずつ。それぞれの家の玄関から太く長い縄が伸びていて、猫の首に繋がっていた。

まるで置物のように身動きもせず、揃って香箱を組んでいる。

毛色こそ様々ではあるが、猫達は皆一様に道路のほうを向き、同じ姿勢のまま目を瞑っていた。

この街は猫を外に繋ぐ習慣でもあるのかと、少し不思議に思ったのを覚えている。

いつもは騒がしい級友達も妙に静かだ。低学年の児童の集団である。通り沿いにずらりと猫が並んでいれば、興味深々で飛び付きそうなものだ。

しかし、同級生の誰一人としてそれに関心を向けるものはいなかった。
まるで見えていないかのように。

翌年また同じ道を通ったが、猫はただの一匹も見なかった。

紫陽花《あじさい》

「紫陽花の下で、子猫が死にかけていたんです」

季節は六月に入ろうかという頃だった。まだ梅雨入りはしていなかったが、雨の多い季節だったのを覚えている。

濃い青紫の紫陽花の下に、何かが倒れていた。最初は汚れたタオルだと思ったが、しゃがんでよく見てみると、それは子猫だった。

綺麗にすれば真っ白な毛並みの可愛らしい子猫だったのだろうが、薄汚れてノミやダニにたかられ、皮膚病にも罹《かか》っているようで一部の毛は禿げてしまっていた。目の周りも赤く爛《ただ》れて目やにが酷かった。

最初は遺骸だろうと考えたのだが、よく見ると、身体がゆっくりと上下に動いている。まだ生きている。

生きているなら、動物病院に連れて行けば助かるかもしれない。

バスタオルを持ってこようか、どうしようか。

そう思って立ち上がった瞬間、微かな猫の鳴き声が聞こえた。

それは紫陽花の花の下から聞こえた。子猫の最後の鳴き声かもしれない。

すると、その直後に、紫陽花の花が次々に猫の顔になった。

驚くとともに、一体自分は何を見ているのかと、不思議な気持ちになった。

その青い花が、一斉に鳴き声を上げた。

ああ、これは子猫を送る声なのだ。

自然とそう思えた。

しゃがんで、紫陽花の下を覗き込むと、子猫の身体が小さく痙攣《けいれん》して力が抜ける瞬間だった。

紫陽花は暫く猫の鳴き声を上げ続けていたが、次第にその声も小さくなり、ついに静かになった。

手を差し伸べるとまだ子猫の身体は温かかったが、既に命はその身体を離れた後だった。

霊能者と飼い猫

「霊能者のことを信じないって人もいますけど、うちの父はそれで助かったんで、私は信じてます。あと猫も」

古谷さんはそう言って、彼女のお父さんが体験した話を教えてくれた。

もう三十年以上前の話になる。埼玉県のとある河川敷で女性の遺体が発見された。タクシーの運転手をしていた古谷さんのお父さんは、朝のランニング中に、偶然その処理をしている現場を通りがかった。

彼は、状況を察して、「可哀想だな」と呟いた。

その日を境に、もらい事故やタイヤのバーストなど、自分が直接の原因ではない事故が何度も彼の身に起きるようになった。

これは何かがおかしい。そう考えた彼は、友人の母親で、当時上福岡市に住んでいた霊能者に相談をした。噂では、彼女は、当時メディアでも名の知られた女性霊能者の師匠に当たる人物だという。

霊能力というものはよく分からないが、評判がいいようだ。

わざわざ関西から来て、トラブルを解決してもらったという話も聞こえてくる。

インターネットなどなかった時代である。それでも多くの口コミが集まった。

これは信じてもいいかもしれない。

そう考えたお父さんは彼女の家を訪れた。

すると、部屋に通されるや否や、何かを言い出すよりも前に、河川敷の遺体処理の現場を見たことや、彼が「可哀想だな」と呟いたことも言い当てた。

噂に聞いていた以上に次々と言い当てる姿に驚嘆し、何か悪霊が憑いているのか、その場合、自分はどうしたら良いのかと相談を持ちかけた。

やはり原因は川で亡くなった女性にあると断じた。

女性は自殺で、世を恨んで亡くなった。悪霊というよりは、八つ当たりされているような状態とのことだった。

「でも、女性はあなたにとり憑いているけれど、いつも連れ歩いている訳ではないみたいですね。多分、飼ってらっしゃる猫ちゃんが助けてくれてますよ」

霊能者さんは、その女性の霊は、現在お父さんの部屋にある押し入れでうずくまっていると言った後で、飼っている猫が、よく押し入れに出入りしていないかと確認をした。

最近よく出入りしていると答えると、猫がその幽霊を気にしているからだと言った。

このままなら、一年か二年で成仏するが、それまで待てるかと訊くので、それまで事故が続くようなら仕事にならないと告げた。

「お仕事柄そうなりますよね。それなら猫ちゃんには可哀想ですが、その女性の幽霊は、こちらで祓っておきます。くれぐれも猫ちゃんを大事にしてあげてください」

そう言われて帰った。

何か儀式のようなことをするのかと思っていたが、ただ話をしただけだ。確かにズバズバと言い当てるのは凄かったが、半信半疑でもある。

だが帰宅する頃には、やたらと肩が軽くなり、ここ暫く感じていなかった爽快感に満たされていた。夜もよく寝られる。そして、最近部屋に入り浸りだった猫が、部屋に近付かない。

以来、彼は引退するまで事故を一度も経験しなかった。

霊能者の女性には、時折相談に行っていたようだ。

飼っていた猫は、アドバイス通り大切にされ、それから二年ほどで亡くなったが、今でも仏壇にはその写真が飾ってあるという。

弟の記憶

清水さんがまだ子供の頃の記憶だという。

彼女には二歳違いの弟がいた。彼は覚えている限り、とてもよく泣く子だった。

煩いと思った記憶はないが、何故こんなに泣くんだろうと不思議に思っていた。

夏休みには田舎にある祖父母の住む家に滞在するのが常だった。その年も、夏の間中、祖父母の家にいたはずだ。

その日、清水さんと弟は、その家の仏間でタオルケットを敷いて昼寝をしていた。

清水さんはふと目を覚ました。今何時だろう。

周囲を見回しても、時計らしいものは見当たらない。障子を通した光からは、未だ夕方にはなっていないということが窺われた。

まだ眠気が取れない。瞼を閉じれば、再び夢の世界に落ちていくだろう。

そういえば、弟も寝ていたはずだ。

彼女が隣へ視線を送ると、弟の胸の上に黒猫が乗っていた。

清水さんの祖父母の家に猫はいない。

何故ここに黒猫がいるのか。

そして、よく見るとその猫の前脚は、人の手の形をしていた。それも女の細い手だ。

その指が、弟の首に掛けられていた。

ふぇ、と弟が声を上げた。

いけない。また泣き出してしまう。むずかってしまう。

泣き声は苦手だ。弟はあやしても泣き止まない。

黒猫の細い指が、まだぷくぷくしている弟の首をきゅっと締めた。

弟は大きな声を張り上げて泣こうとしたのだろうが、それは成せなかった。

指が首を絞めて、弟は真っ赤な顔になり、続いて青い顔になり、ぽろぽろと声もなく涙を流して静かになった。

思えば家の裡《うち》も外も、やけに静かだった。清水さんは、寝息すら立てない弟に背を向けて、タオルケットを頭から被った。


彼女が小学校に上がった頃に、母親に〈弟がいたことがあるか〉と訊ねたことがある。

だが、答えは否であった。

「あなたは、ずっと一人っ子だけど」

だが、弟が黒猫に首を絞められて命を散らした翌年から、祖父母の家には行っていない。

何故かは訊いてはいけない気がした。

だから、弟の記憶は誰にも言えないできた。言えないまま二十年も経ってしまった。

「でも、忘れちゃいけないと思うんです」

清水さんは黒猫を飼っている。その猫を撫でていると、あのときのことを思い出すこともあるという。

きっかけ

瀬良さんの通っていた埼玉県の高校での話。

ある棟のエレベーターで自殺者が出た。亡くなったのは瀬良さんから見ても可愛い容姿をした一学年上の女の先輩だった。彼女は受験ノイローゼで、締め続けられて、ナメてしまったネジ頭のようになって、わざわざ授業中に決行したのだという噂だった。

それ以来、鏡にその子が映るという噂が立った。

エレベーターの鏡が取り外され、廊下にある鏡を見ると、後ろから彼女が追いかけてくるという噂で持ちきりだった。

そしてその事件から半年ほど経ち、次は屋上から飛び降り自殺をした男子生徒が出た。

先に亡くなった先輩と同じ学年の同じクラスだった。

それ以来、屋上に上がる階段には盛り塩が置かれるようになった。

卒業アルバムには、二人が写り込んでいるという噂もあった。

「そんな怖い噂ばっかりの学校だったんですが、信じてなかったんですよ」

瀬良さんは現実主義者で、幽霊なんて存在せず、よしんば体験してしまったとしても、それは脳が見せた幻影だと考えていたのだ。

だがある日、自分の足に、亡くなった先輩二人がしがみついているのが見えてしまった。

これは見間違いだ。何かの間違いだと自分を納得させようとしたが、どうしても消えない。これは心が疲れているのだ。早退して、家でこれが見えなくなるまで静養しなくてはと焦っていると、同級生の一人が近付いてきて言った。

「今度はあなたの番なんだ。大丈夫だよ。明日には別の人のところに行くから」

「え、あなたこれが見えるの？」

そう訊ねると、彼女はニコニコしながら答えた。

「この学校、もっと色々いるから、気を付けたほうがいいよ」

以来、瀬良さんも日常的に幽霊が見えるようになってしまい、それは今でも続いている。

さえ

小学四年生の頃のみゆきさんがよく一緒に遊んでいた友達に、遥ちゃんという霊感の強い女の子がいた。遊ぶのはみゆきさんの家の前が多かったが、彼女の家の裏は竹やぶになっており、小さな鳥居があった。

ある日、いつものように遊んでいると遥ちゃんがじっと鳥居を見て言った。

「鳥居のところに女の人がいる。目が充血していて、悪いほうの霊だと思う」

みゆきさん自身は、幽霊が見えないので半信半疑だったが、遥ちゃんがよく語ってくれる怪談話が好きだった彼女は、怖いねと話を合わせた。

翌日、再び二人で遊んでいると、彼女が「あの女の人が近付いてきてる」と言い出した。表情は強張《こわば》り、演技でも冗談でもないことが分かった。

「どうしたらいいの」

「ここにいたらヤバいから、公園まで避難しよう」

公園には友達もいるはずだ。それならばと二人で早歩きで公園に向かった。

「ヤバい、ついてきてる」

道中、遥ちゃんは何度もそう呟き、そのたびに歩く速度を上げた。

息を切らして到着した公園では、案の定友達が遊んでいた。その場にいた友人二人と、たまたま通りがかった遥ちゃんの弟の合計五人で、かくれんぼをすることにした。

じゃんけんで決まった鬼は遥ちゃんで、他の皆はベンチに座って数を数え始めた彼女を背に走り出す。ただ、彼女の弟だけは動かず、じっと姉のことを見つめている。

「どうしたの。ちゃんと隠れないと」

そう声を掛けると、彼は自分の姉の様子を見て、声を震わせた。

「ダメ。女の人にとり憑かれてる」

その直後、ベンチに座っていた遥ちゃんが、脱力したかのようにベンチへ横たわった。

どうしていいか分からずに、その場で棒立ちのまま遥ちゃんを見ていると、彼女は突然ばね仕掛けのように飛び上がり、みゆきさんのほうに走ってきた。捕まらないように走り出す。すると、遥ちゃんは、突然街灯の下にしゃがみ込んだ。

「あなたは誰？」

姉に向かって、遥ちゃんの弟が訊ねた。すると彼女は地面から木の枝を拾い上げると、地面に「えさえさえさ」と殴り書きを始めた。

えさ？　餌って、どういうこと？

空腹なのかと、ポケットに詰めていたお菓子を渡そうとすると、遥ちゃんは差し出した手を払い退け、真っ赤に充血した目でこちらを睨んだ。

彼女は再度地面に二文字の平仮名を書き始めた。

――えさ、じゃなくて、さえ、なのかも。

「さえちゃん?」

その問いかけに、遥ちゃんはボロボロと涙を流した。

「さえちゃん、一緒に僕達のおうちに帰ろう」

遥ちゃんの弟が、そう声を掛けて、公園から彼女の手を引いて連れ帰ってくれた。

他の友達が戻ってきて、遥ちゃんどうしたのと訊ねた。それはそうだろう。かくれんぼの鬼が帰ってしまったのだ。

「何か、お腹痛くなっちゃったんだって」

「それならしょうがないね」

誰もみゆきさんの言葉を疑わなかった。

翌日、遥ちゃんにこのことを訊いても、何も覚えてないらしかった。

そこで彼女の弟に話を振ると、お祖母《ばあ》ちゃんがきちんとしてくれたから、もう大丈夫だよと笑顔を見せた。

死神

剣持さんが母親から聞いた話だという。

彼女は長く看護師を務めている。ある日、剣持さんは患者さんが亡くなるその日から一週間以内に死神を見るのだと母から漏らされたことがある。

あのね、死神は真っ黒なスーツ姿をしているんだよと言った後で、母親は言葉を詰まらせた。その後、暫く考え込んでいたが、何かを思い出したようなすっきりとした表情を浮かべ、剣持さんに向かって打ち明けるような口調で告げた。

「死神には頭がないの」

ある日、母親が帰宅したのを出迎えて驚いたという。酷く憔悴《しょうすい》して、暗い顔をしていたからだ。慌てて職場で何かあったのかと訊ねると、彼女はまた死神を見たのだと暗い顔のまま答えた。

母親の話によれば、患者さんから「あなたはここから離れたほうがいい」と言われて、数時間後にその患者さんの所に行くとその患者さんは亡くなっていたのだと、ぽつりぽつりと打ち明けてくれた。

なるほど。それが心の負担になっていたのか。

剣持さんは、少し気になっていたことを母親に訊ねた。

「最近、死神に会う機会が増えてない？」

先週も、先々週も死神の話を聞いた気がする。

「お墓まいりに行けていないから」

母は、淡々と答えた。

彼女が言うには、墓参できていないと、夜勤の時間帯にお越しになるとのことだった。

「それ、お母さんのところに来てるってこと？」

剣持さんは驚いてそう訊くと、母親は「かも」と答えた。


その週末に無理に予定を開けて、母娘で墓参に出かけた。

効果はあるようで、今も月に一度は墓参をするようにしている。

交際

その交際は、ある種の同情心によるものだったのです、と皐月さんは語った。

今から十年以上の前のことである。

当時大学生であった皐月さんには、同じゼミに属した彼氏以外にもう一人、付き合っていた男性がいた。名を、加賀という。

あの日加賀は、アルバイト先のボックスシートに小さく座っていた。

ひと回り以上、年上であった。ボトル越しに見た顔の中に、わずかな翳《かげ》が差していた。

その翳の原因が交際相手の事故死であると知ったのは、何度目に卓に着いたときのことであったろうか。

――加賀の心の中には、いつでもあの女《ひと》がいることは分かっていました。一時の寂しさを紛らわせるために、私の身体を欲していたことも。

それでも、と皐月さんは続けた。この人は最愛の女性を亡くした可哀想な人なのだと、そう思ったからこそ加賀を受け入れたのです。

バイト明けの食事。講義をサボって出かけた遊園地。温泉宿で迎える朝の静謐《せいひつ》さ。

皐月さんは決して加賀を愛していた訳ではなかった。加賀もそうであったろう。

それでも、二人の交際はずるずると続いた。


加賀の休日に合わせて、何処かへドライブに出ていたのだと思う。

皐月さんはスポーツセダンの革張りシートにその身を沈めて、ワインディングの向こうに広がる藍色の海原を眺めている。包み込むようなエンジンの響きが、眠気を誘う。

ピリリリリ。場違いな電子音とともに、ポケットが低く振動する。

舌打ちをして、通話ボタンを押す。エンジンの回転数が不意に上がる。

キュルキュル、キュルルルル、ルルル。タイヤが鳴っているのではない。

キュルルル、キュキュ、キュルルルルル。耳元に当てたスピーカーから聞こえている。

まるでカセットテープを巻き戻すような、この不快な音は何だ。

バン。固い何かをボディへ叩きつけるような音。

うおああああっ。加賀の叫び声。

ぶれるハンドル。左右へ揺れる車。

視線を上げる皐月さん。声にならぬ悲鳴が、微かに喉を通り過ぎ。

フロントガラス。逆さに張り付く長身の女。歪に曲がった四肢。

そしてコンビーフを雑に盛ったような、目鼻も分からぬ顔。

皐月さんの声帯が、今度は役割を果たした。

これは、——夢だっ！


跳ね起きたベッドの上。しとどに濡れたパジャマ。網膜を焼かんばかりの朝陽。

「夢じゃないんだよ。現実なんだよ」

鼓膜を震わせる、吐き捨てるような、重く冷たい女の声。

以来、加賀はとんと店に来ない。連絡も一切取ることができない。

もちろん皐月さんも、行方を追うような真似はしない。

視える／視えない

――あぶねえっ！　叫び声が突いて出た。
無意識のうちに四肢を突っ張る。だが、そんなことをやっても車は止まるものでない。
絹布を引き裂くような甲高いスキール音と、ＡＢＳが作動する振動が全身を包む。
横断歩道を幾分か通り過ぎて、ようやく車体は行き足を止めた。
しんと静まり返った交差点に、たった一台の、ハザードランプを焚いた車。
東北地方某所、深夜二十三時頃の出来事である。

「何、急に。どうしたの」
ハンドルに突っ伏したまま肩で息するヨシオさんに、彼女が横から問いかける。
手にしていたコーヒーを胸元に零したらしく、些《いささ》か不機嫌である。
――いや……。見間違いだと思うけど。交差点のど真ん中にさ。
袖口にゴムの入った水色の服、肩から提げた黄色の鞄、つばの大きな帽子。
幼稚園児の姿を、ヨシオさんは確かに見たのだ。

何の前触れもなかった。ポカンと口を開けて宙を見つめ、ただ一人立ち尽くして。

けれども、こんな時間に幼稚園児が一人で出歩く訳がないことを、ヨシオさんは知っている。否、そもそも生身のものですらないことも、理解しているのだ。

だからこそ、車から降りることすらしない。周囲を見回すこともしない。

一方で、助手席の彼女には、そういう力はないのだ。

故に、ヨシオさんの急ブレーキの理由も、分からなかったのである。

視えない者に、視えたモノの話をしても仕方ない。ヨシオさんは半ば諦めていた。

「あんた、ほんとに見えるのね」

思いもよらぬ、言葉であった。

彼女の説明によれば、先日この交差点で交通事故があったばかりなのだという。

横断歩道を一人で渡っていた幼稚園児が、右折してきたトラックに撥《は》ねられたのだと。

「信号機の付け根に、花束とおもちゃが置いてあるんだよ」

窓の外を眺めながら、ぽつりと呟いた。

その後もしばしば、夜中の交差点に幼稚園児が立った。

不思議なことに、同じ時間帯であっても、逆方向に向かう場合は見えなかった。

ヨシオさんが東から西へと向かうときにだけ、その姿が現れた。

三年ほどは続いただろうか。ふと気付けば、交差点に立たなくなっていた。

「そうなんだ。やっと、成仏できたのかもね」

今はヨシオさんの妻となった彼女が、安心したかのように言った。

通りかかるたびに、瑞々しい花束と、時には缶ジュースやお菓子が置かれていたことをヨシオさんは今でも覚えている。

深夜行

ハンドルを握ったまま、妻がむすっとした顔で黙りこくっている。

だからこんな時間にドライブに出るのは嫌だったのだ、と島田さんは思った。

何がきっかけだったのか、今となっては定かではない。おおよそ、いつものように喧嘩をして、お互い冷静になろうということで出かけたのであろう。

ともあれ、三菱・グランシャリオに乗り込み深夜のドライブに出発した。

街を抜け、バイパスを走り、峠の国道へハンドルを切る。

奥羽山脈をいったん越えてから、ぐるっと隣県を大回りして街へ戻ってくる。これが、当時の深夜ドライブの定番であった。

道の両側に山肌がぐいぐい迫り、空がどんどん狭くなる。月は尾根の向こうへ姿を消して、梢《こずえ》の額縁に囲まれた小さなキャンバスで星が瞬いた。

ロードノイズが急に大きくなって、車窓に太いコンクリート柱が並ぶ。

この界隈は積雪量が多い。雪崩から道路を守るスノーシェッドが設置されているのだ。

道筋に沿って延々と続くそれは、巨大な蛇腹を思わせた。

きっ、と微かな余韻を残して車が停まる。
スノーシェッドからぶら下がった信号機が、赤を現示している。
待つ——沈黙の時間が過ぎる。
カセットの曲は一巡した。ラジオの電波は入らない。夫婦の会話は、最初からない。
いたたまれなくなって、助手席の窓を少し開ける。
カチン、とジッポの蓋を開けたとき、それに気がついた。
きぃ。きぃ。金属が擦れるような音がする。
車から発せられているのではない。風に乗って、何処かから聞こえてくるようである。
待つ——沈黙の時間が過ぎる。
車内にふっと赤い灯が生まれ、煙が漂う。妻が小さく、舌打ちをした。
以前なら車内で吸うなと注意されるところだが、今ではそれすら言われない。
きぃ。きぃ。きぃ。相変わらず、金属のきしむような音がしている。
風に何かが揺れているのか、それともこんな鳴き声の獣でもいるのだろうか。
しかしフロントガラスから前を見ても、ミラー越しに後ろを見ても何もいない。
待つ——沈黙の時間が過ぎる。
きぃ。きぃ。きぃ。きぃ。音は更に大きくなっている。

鉄でできた巨大なそりを無理やりに引くとこんな音がするかもしれない、と思った。

ちらりと横を盗み見る。ハンドルをぎっちり握って、妻が黙りこくっている。

眉間に皺を寄せて、頬を膨らませて。また、これだ。

人の目に見えぬよからぬものを感じているとき、妻はいつもこの顔をするのだ。

待つ——沈黙の時間が過ぎる。

きぃ。きぃ。きぃ。きぃ。きぃ。音はもはやスノーシェッドの中におんおんと反響し、それはまるで獣の雄叫《おたけ》びのようにも聞こえる。

これは尋常ではない。すぐそばに、何かが迫ってきている気がする。

それにしてもこの信号は、いつまで待たせるつもりなのだろうか。

そう思って向けた目に、「押しボタン式信号」の文字が飛び込んでくる。

こんな時間にこんな深い山奥で、一体誰が押しボタンを作動させたのか。

この信号は、いつまで自分達をここに留めておく気なのか。

先ほどからきぃきぃと不穏な音を立てる者の正体は、何なのか。

そしてこの異様な気配に追いつかれてしまったとき、どんな凶事が待っているのか。

もう耐えられない、と思うのと、妻がアクセルを踏み込むのが同時であった。

信号を無視し、スノーシェッドに轟音を響かせグランシャリオが走り出した。

強く握ってて

今泉さんが中学生のときの話。

家族で旅行に出かけた帰りに、父親の運転で山の中を走っていた。高速道路が渋滞していたため、ナビで示された道に従って迷い込んだ道だった。

助手席には母が座り、今泉さんと妹が後部座席でくつろいでいた。

暫く走っていると、お喋りな母親の口数が減っていった。車酔いでもしたのだろうかと思っていると、母は急に大きな声を上げた。

「ハンドルを強く握って」

父親は驚いたようだが、彼は分かったと返すと、その言葉に従ってハンドルを握り直したようだった。

緩やかなカーブを曲がり切ると、その先に崖が現れた。通り過ぎようとすると、今泉さんも妹も、その崖のほうに引き込まれるような、吸い込まれるような感覚があった。

「何これ！」

妹が不安そうな声を上げた。父親が大丈夫だと声を掛ける。

「ちゃんとそっちに引きずられないようにしてるから大丈夫だ」

無事崖の脇を通り抜けると、母は深く溜め息をついた。彼女の耳に下がっているピアスに付いている水晶が欠けていた。

それ以来、高速道路で渋滞に巻き込まれても、知らない道には行かないようにしているという。

一代だけの力

三年ほど前の話になる。北島さんのお母さんが白い壁を指しながら言った。

「血飛沫《ちしぶき》みたいの見えない？」

いつも通りの白い壁だ。

「見えないよ」

そう答えると、彼女は口元だけで笑顔を作ってみせた。

だが、ものの十分と経たずに彼女の携帯電話に着信があった。

祖父が亡くなったという連絡だった。死因は心臓の血管の破裂だという。

「やっぱりね」

やけに冷静なのが気に掛かった。

後日確認すると、お母さんは親族が亡くなるとき、血飛沫を幻視する体質なのだという。

その力は北島さんには遺伝していない。

お祖父ちゃんの神様

「主人の実家に里帰りしたときに、主人の祖父から二人で聞いた話です」

祖父は、太平洋戦争のとき、陸軍の軍人をしていた。

中国で従軍中のある日、小隊皆で塹壕を掘っていたところ、いきなり後ろから突風が吹き、少し遠い所から声が聞こえたという。

「そこは危ない、左に百メートル逃げろ！」

味方の誰かが叫んだのかと思い、とりあえず仲間を引き連れてその場を逃げ出し、別の塹壕に駆け込んだ。振り返ると、先刻までいた塹壕に爆弾が落ちた。

「あの声に言われた通りにしなければ死んでいた。命拾いした」

そう彼は言った。その後、彼は怪我を負って日本に戻って近衛兵となった。

終戦は九段下で迎えたという。

そのため、ＧＨＱによる公職追放に遭い、戦後は就職先がなかった。

仕方なく故郷に帰り、雑貨屋のような仕事を始め、何とか生計を立てていたが、ある日、請求先に支払うお金がなく、このままでは不渡りになるという状況になった。

何とか金を工面できないだろうか、いや、どうにもならないなぁ――。

考えあぐねていたときに、ドアも窓も締め切った部屋の中で、突如背後から突風が吹いた。やはり少し離れた場所から声が聞こえた。

「大丈夫だ。ちゃんとお金入るから」

空耳にしてははっきりしており、窓も開いていないのに突風が吹くはずもない。

何だか分からないが、自分ではもうどうにもできないのだから、信じてみよう――。

そう腹を括ったら、次の日に突然大量の注文が入り、しかも即金で代金を払ってくれた。

おかげで請求先にも支払うことができ、不渡りを免れた。

他にも一度、突風による奇跡のようなことが起こったことがあり、祖父はこの突風と声の主を、神様と呼んでいた。

この神様のおかげか、祖父自身にも幾らか不思議な力があったようで、戦地で亡くなった兵士の魂を日本へ送ったり、電話口で胸の苦しみを訴えてきた友達から苦痛を取り除いたりしたという話も聞かせてくれた。

「主人が言うには、一緒に暮らしていた頃はそんな話は聞いたことがなかったそうで、もっとお祖父ちゃんに色々聞いておけばよかったと、そんなことを漏らしておりました」

物理攻撃

「殴ることならあります」

暴力など振るいそうもない小柄で細身で繊細そうな外見を持つ繭子《まゆこ》さんは、何度か言い淀んだ末に、諦めたような口調で打ち明けてくれた。

彼女はいわゆる〈視える〉人で、しばしば幽霊にストーカーされて迷惑を被《こうむ》っているのだという。

「殴るって、殴れるんですか？」

そう訊ねると、「ええ。ちゃんと殴れます」と答える。側から見たら何という物騒な会話だろう。

「ええと、感覚とかは」

「顔も服も同じ感触なんですよね。こんにゃくをぶっ叩いているというか。殴った後も、暫くは形が変わったままだったりしますし。物理攻撃が効くのは手っ取り早くてありがたいな、と」

清楚なお嬢さんの口から、やけに具体的な話が出てくる。

最近のエピソードでは、寝ている間に彼女の胸の上に乗っていた中年男性の幽霊を見かけるや否や飛び起き、逆にマウントを取って、相手が消えるまで殴り続けたらしい。意外と好戦的だ。

「会社でちょっと嫌なことがあったのを思い出してしまいまして」

この歳になって、そんなことをしているなんて、本当にお恥ずかしいと、小さくて細い身体をますます小さくして恐縮する。

なお、繭子さんの現在の趣味はボクササイズから発展して、本格的なキックボクシングなのだという。

「まだまだです。人間相手だと勝手が違いすぎて」

――幽霊には本気を出せるが、人間相手だと遠慮してしまうから。

弁解するように、小さな声で彼女は繰り返した。

訃報

「そういう変な話だったら、母の田舎のほうであったみたいですよ」

怪談話をしていると、中村さんという女性が、何かを思い出したようだった。

彼女のお母さんは北関東の出身で、今では限界集落になっているとの話だった。

当時から平均年齢の高い地域で、年に一度か二度は至急の回覧板で訃報が回ってくることがあった。ただ、それに訃報を模した手書きの紙が挟まれることがあった。

「また坂下のじいちゃんがおかしなことやって」

その紙を見つけると、両親は腹を立てたり呆れたりしていた。

坂下のじいちゃんとは、集落の中での変わり者で、若いときに連れ合いを亡くしてからはずっと独り者を貫いていると聞いている。山で猟をするのが生業で、悪い人ではないという話だが、あまり周囲の人と交流を持たないようにしているようだった。

中村さんも子供の頃から、坂下のじいちゃんは変わり者で、何をするか分からないから、関わらないほうがいいという空気を感じ取っていた。

「次は、牛久の家で誰かが亡くなるって書いてあるけど、これ回すのも何だよなぁ」

坂下さんによる手書きの訃報は、まだピンピンしている人の名前が書かれている。だから大抵は、気にした次の家の人が、それを抜き取って棄ててしまうのだが、人の口に戸は立てられない。

訃報に書かれた人も気分が悪い思いをするし、そもそも何でそんなことをするのか、問い詰めても黙ったままらしい。

いつしか、坂下のじいちゃんは、村八分のようになって、いつの間にか集落から姿を消した。

「でも、その坂下さんの訃報に書かれた家が、必ず次の葬式を出したそうです」

その後、坂下さんの家に入った集落の人が、壁にずらりと貼られた訃報の紙を見つけたという話だったが、その頃には中村さんのお母さんは集落を出ていたので、詳しいことはそれ以上知らないという。

遺された人の話

事故物件サイトの死因の記述は間違っているんです――。

丁度子供が掴まり立ちを始めた頃に、マンションを買ったんです。でもそれから半年ほどで、主人が会社を懲戒解雇となり、そこから色々ごたごたして、次の年に彼は家出をしてしまいました。

私はそのとき、水商売をしていたのですが、夜に保育施設に子供を預けると、稼ぎが雀の涙になってしまって生活できません。ですから、とりあえず実家に帰りました。

その頃は主人とは全く連絡が取れませんでした。

何度かマンションを見に行くと、帰ってはいる様子だったのですが、会うことはできませんでした。幸い何度か電話で話すことはできましたが。

ある日、子供を保育園に入れるため、離婚を考えており、会えたらその話をしようと考えながら、マンションに行きました。

たまたまパソコンを見てみると、「練炭」「自殺」と検索履歴が残っていました。そのときはまさかと思いましたが、心を病んでいるのかなと心配したくらいです。

それから半年ほど経ったとき、妹の旦那が練炭自殺で亡くなりました。女性問題でした。葬儀があるから来てと主人に電話しましたが、結局顔は出しませんでした。

そこからふた月ほどでしょうか。夜寝ていると、布団の縁を誰かが歩く感触がありました。嫌な予感がしました。

次の日、義父に連絡してマンションを見に行ってほしいとお願いしました。私の実家からは新幹線を使わないと行けない距離でしたので。ただ義父も仕事があるので、週末に見に行くとのことでした。

週末に義父から電話がありました。今警察にいて、主人が亡くなっていたとの連絡でした。

次の日、警察に足を運びました。私は遺体とは面会することができませんでした。奥さんはダメだよと警察に止められて、義父が本人確認をしました。

死因は風呂場で炭を燃やした一酸化炭素中毒でした。

その日の夜、義父と食事に行ったとき、頭の中に声が響きました。

本気じゃなかった、止めようと思ったときには動けなかった、と。

私にはどうしたらいいか分からず、母に電話しました。

「パパが呼んでいる、どうしよう」

そう言って泣きました。母は〈後を追ってはいけない。あなたには子供がいるでしょう〉と言いました。

次の日、義父とマンションに行きました。主人が亡くなっていた風呂場や、家の中を色々見ていると、ベランダに白い足が見えて、次の瞬間、さっとカーテンの陰に隠れました。きっと怒られるのが怖かったのでしょう。主人は恐妻家だったので。

たまらず声を掛けました。

「パパ、一緒に帰るんだよ」

一人でマンションに居続けるのは可哀想だと思ったからです。

それ以降は主人の声も影も見ていません。

ただ、妹は霊感があるのですが、主人が懸命に謝っているのが聞こえると言っていました。


お聞きくださり、ありがとうございました――。

あとがき　実用的百物語怪談活用法

その昔、実話怪談本というのはどうした訳か「実用書」「生活書」の枠に分類されていた時期があります。実話怪談の訓話的性質に生活の中での実用性を見た人がそのように分類したのか、その理由は定かではありません。そんなこともあってか、実話怪談の実用性の最適解みたいなものを長年考え続けています。もちろん、実話怪談である以上、著者の都合や読者の期待に合わせて話を変えてしまうようなことは御法度《はっと》です。が、読者の求める実用性に合わせた提供の仕方を考えたとき、百物語怪談本で提供する一～三頁以内くらいで読みきれる怪談というのが、実用性が高いんじゃないかな、って。これは百物語挑戦あるあるだと思うんですが、一晩で百話ってなかなか達成できないんですよね。白熱して長くなっちゃって。でも、三頁以内の長さなら一話を大体三分以内くらいで朗読できる。つまり、一晩で百話やるとしたら三百分、大体五時間あれば日没から始めても語り切れてしまう。本書くらいの長さの話なら達成できそうだし、実用性あるんじゃないかなって思うので、よろしければ今年の夏に是非本書片手にお試し下さい。

加藤　一

千以上の言葉を並べても

高野 真です。今年もこうしてお目に掛かれたことを嬉しく思います。

表題は我が愛するGARNET CROWの楽曲から頂戴しましたが、ついに私も見ました。

何をって、あれです。詳細は省きますが、何をされた訳でもないのに怖かったですし、遭遇のインパクトの前にはどれだけ言葉を並べても足りないのだと痛感しました。

しかし、私も実話怪談作家の端くれ。怪異体験者が味わった恐怖、驚き、気持ち悪さ、そうしたものを少しでも忠実に記録し、紙上で追体験できるよう努力して参ります。

執筆に当たり取材に御協力いただいた皆様、ありがとうございました。本作には出張先で仕入れた話も複数収録されています。初見の怪しい男に体験談を預けて下さったことに厚く御礼申し上げます。一期一会の御縁に支えられて、この稼業が成立しております。

そしていつもながら、編著監修の加藤先生、共著者の神沼先生、ねこや堂先生、何より本書を御購入下さった方々に最大限の感謝を申し上げます。こちらは次作に向けた取材を始めました。来夏もお目にかかれることを願って、筆を置くこととします。

高野 真

あとがき、かもしれない思い出話

子供の頃、河童の話を聞いたことがある。何の話からそういう話になったのかは覚えていないが、幼馴染みが確かに夜中に家の周りを歩く音を聞いたと。

姿を見た訳ではない。ただ足音を聞いただけだ。けれども彼女はこれは河童だと直感したという。

「あれは絶対河童なんだって。はっきり聞こえたんだよ、カランコロンと」

カランコロン？　水に濡れたようなぺたんぺたんという音ではなく？

「そう、カランコロンと下駄の音が」

何だと。いやいや、河童が水掻きの付いた足で下駄を履く？　いやいやいやいや。

それが家の近くにある古い井戸のほうに歩いていって、音がぱたりと止んだから河童に違いない、と幼馴染みは鼻息荒く言い張った。

それは違うモノじゃないのかなぁ。別な意味で怖いけども。

と、まあ、今回の執筆中にそんな話を思い出しました。

ねこや堂

いい塩梅の百物語

こんばんは。皆様いかがお過ごしでしょうか。今年も恐怖箱百物語シリーズの夏がやって参りました。今年は高野さんが二年目、我々は十二年目で、本書は干支が一巡りするほどに百物語を続けてきた挙げ句ということになります。

今年の本もいい感じです。癖のある話もあれば、ストレートに怖い話もあるし、泣かせる話も、思わず笑ってしまうような話もある。これほどのバリエーションで人の感情を刺激してくるジャンルは、もはや怪談しかないのです。そして今年の本は、それを高レベルで達成できているように思います。自画自賛。だってこういう本を読みたかったんですよ。サクサクと読めて、心の色々な部分をくすぐってくる実話怪談本を。

いつも通りですが、今年も謝意を伝えます。体験談を預けて下さった体験者様、取材に御協力下さいました皆様、編著監修の加藤さん、共著者の高野さんとねこや堂さん、心配しながら見守ってくれる家族、そして本書をお手にされた読者の皆様に最大級の感謝を。

それではお互い無事でしたら、きっとまたどこかで。

二〇二三年　文月朔日

神沼三平太

★読者アンケートのお願い

本書のご感想をお寄せください。アンケートをお寄せいただきました方から抽選で 10 名様に図書カードを差し上げます。

（締切：2023 年 8 月 31 日まで）

応募フォームはこちら

あなたの体験談をお待ちしています
http://www.kyofubako.com/post/

恐怖箱 忌憑百物語

2023 年 8 月 7 日　初版第一刷発行

編著……加藤 一
共著……神沼三平太／高野 真／ねこや堂
カバーデザイン……橋元浩明（sowhat.Inc）

発行人……後藤明信
発行所……株式会社　竹書房
〒 102-0075　東京都千代田区三番町 8-1　三番町東急ビル 6F
email: info@takeshobo.co.jp
http://www.takeshobo.co.jp
印刷・製本……中央精版印刷株式会社